外文电子资源采访工作指南

宋仁霞　主编

图书在版编目(CIP)数据

外文电子资源采访工作指南/宋仁霞主编. --北京:国家图书馆出版社,2016.8

ISBN 978-7-5013-5894-6

Ⅰ. ①外… Ⅱ. ①宋… Ⅲ. ①外文图书—电子图书—图书采购—指南 Ⅳ. ①G253.1-62

中国版本图书馆 CIP 数据核字(2016)第 172686 号

书　　名　外文电子资源采访工作指南
著　　者　宋仁霞　主编
责任编辑　张　颀

出　　版　国家图书馆出版社(100034　北京市西城区文津街 7 号)
(原书目文献出版社　北京图书馆出版社)
发　　行　010-66114536　66126153　66151313　66175620
66121706(传真)　66126156(门市部)
E-mail　nlcpress@ nlc. cn(邮购)
Website　www. nlcpress. com ——→投稿中心
经　　销　新华书店
印　　装　北京玥实印刷有限公司
版　　次　2016 年 8 月第 1 版　2016 年 8 月第 1 次印刷

开　　本　880 毫米×1230 毫米　1/32
印　　张　7. 25
字　　数　198千字

书　　号　ISBN 978-7-5013-5894-6
定　　价　48. 00元

主　编：宋仁霞

顾　问：顾　犇

主要撰稿人：
（按姓氏拼音排序）

苗璐珺　宋仁霞
王　菲　袁　硕

前　言

文献采访工作是图书馆最基础的工作之一，它决定着图书馆文献信息资源的馆藏质量。随着网络与计算机技术的快速发展，电子资源在图书馆的馆藏建设中发挥着越来越重要的作用，电子资源的采访工作成为近年来图书馆采访工作的重要环节。本书围绕电子资源的产生、发展，系统地阐述了数字环境下外文电子资源的采购流程及评估等方面的具体工作实务，以期对采访工作者有一定的工作参考作用。

本书由国家图书馆外文采编部从事外文电子资源建设的多位馆员合作完成，在编写过程中得到外文采编部主任顾犇先生的大力支持和指导。全书共六章，由宋仁霞拟定写作大纲，具体分工如下：宋仁霞负责第一章、第四章、第六章第一节、附录一；王菲负责第二章、第六章第三节；苗璐珺负责第三章、附录一、附录二；袁硕负责第五章、第六章第二节、附录三。全书由宋仁霞统稿。

在本书的编写过程中借鉴了国内外的大量研究成果，参考和引用了图书馆学者的有关著述，再次谨致以诚挚的感谢！

外文电子资源建设是一个发展和变化很快的领域，由于编者学识有限，对该领域的国内外研究发展难以全面把握，书中难免有疏漏和不足之处，敬请各位专家同行批评指正。

宋仁霞

2016 年 2 月 12 日

目　　录

第一章 电子资源的概念与类型

第一节 电子资源产生与发展

一、电子资源定义及类型

电子资源是现代信息技术的产物,是继纸张型、缩微型、视听型等信息媒体之后出现的一类新的信息资源。它的出现加速了信息传递与交流,提高了信息服务机构的工作效率,具有重大的意义。

对于电子资源的定义,业内目前尚未形成共识,其定义不同的组织和个人有不同的理解。

我国新闻出版署在1997年颁布的《电子出版物管理规定》和国家标准(GB/T 17933—1999)中定义:电子出版物,是指以数字代码方式将图文声像等信息编辑加工后存储在磁、光、电介质上,通过计算机或者具有类似功能的设备读取使用,用以表达思想、普及知识和积累文化,并可复制发行的大众传播出版物。包括只读光盘(CD-ROM、DVD-ROM等)、一次写入光盘(CD-R、DVD-R等)、可擦写光盘(CD-RW、DVD-RW等)、软磁盘、硬磁盘、集成电路卡等,以及新闻出版总署认定的其他媒体形态。

国际图联(IFLA)采访和资源建设组在2012年发布的《电子资源馆藏发展的重要问题:图书馆的指南》(*Key Issues for e-Resource Collection Development:A Guide for Libraries*)中定义为:电子资源指需要通过计算机(无论是个人计算机、大型主机还是手持移动设备)访问的资源;它们可以是通过互联网远程访问的资源,也可以是在本地访问的资源①。

《图书馆数字资源统计标准和应用指南》对电子资源的定义为：数字资源（电子资源）是指经过选择、组织和加工处理，以数字格式存在的各种媒介信息②。数字馆藏指图书馆馆藏中所有的数字资源，包括图书馆本地拥有的和获得一定期限使用权的数据库和数字文献。

从上述电子资源的定义可以看出电子资源的范围非常广泛，类型也多种多样。

1. 按照文献的加工层次划分，可以分为一次文献、二次文献、三次文献。

一次文献是指人们直接以自己的生产、科研、社会活动等实践经验为依据生产出来的文献，也常被称为原始文献（或一级文献），其所记载的知识、信息比较新颖、具体、详尽。一次文献是所有电子信息资源中数量最大、种类最多、所包括的新鲜内容最多、使用最广、影响最大的资源。对于电子资源来讲，主要包括电子图书、电子期刊、电子报纸、专利文献、标准文献、学位论文等原始文献。

二次文献是对一次文献进行加工整理后的产物，即对无序的一次文献的外部特征如题名、作者、出处等进行著录，或将其内容压缩成简介、提要或文摘，并按照一定的学科或专业加以有序化处理，从而形成的文献形式，如目录、文摘杂志（包括简介式检索刊物）等。二次文献都可用作文献检索工具，能比较全面、系统地反映某个学科、专业或专题在一定时空范围内的文献线索，是积累、报道和检索文献资料的有效手段。对于电子资源来讲，二次文献主要包含了书目数据库、文摘/索引数据库等。

三次文献是指经过综合、分析、研究而编写出来的文献。它通常

---

① Johnson S, Evensen O G, Gelfand J, et al. Key Issues for e-Resource Collection Development: A Guide for Libraries [EB/OL]. [2012-05-11]. http://www.ifla.org/publications/key-issues-for-e-resource-collection-development-a-guide-for-libraries.

② 吕淑萍，罗云川. 图书馆数字资源统计标准和应用指南[M]. 北京：国家图书馆出版社，2010：4—5.

是围绕某个专题，利用二次文献检索搜集大量相关文献，对其内容进行深度加工而成，是对现有成果加以评论、综述并预测其发展趋势的文献，属于这类文献的有综述、述评、进展、动态等。在文献调研中，可以充分利用这类文献，在短时间内了解所研究课题的研究历史、发展动态、水平等，以便能更准确地掌握课题的技术背景。对于电子资源来讲，主要包括了专题数据库、工具类数据库、复合数据库中的部分内容等。

2. 按照文献的传播范围可以分为：直接存取电子资源、远程访问电子资源。

直接存取电子资源是指在本地保存的具有物理载体的、必须通过计算机或计算机外围设备进行读取的资源，包括光盘型资源、磁盘型资源、磁带型资源、芯片型资源等。通常包括本馆的自建资源、从馆外引进（包括缴送、采购、交换、捐赠、托管等）的各种实体电子资源，例如各种单行本出版物的光盘、磁盘版，数据库中的《化学文摘》的光盘版CA on CD，《EI 工程索引》的光盘版等。

远程访问的电子资源是指非本馆保存的需通过远程访问获取的电子资源，主要包括网络上的免费资源，通过缴送、采购、交换、捐赠、托管等各种途径获取的远程访问的数据库、单行电子期刊、单行电子图书、单行电子报纸等。

3. 按照电子资源的存储介质可以分为：磁存储介质和光存储介质。

磁存储介质是主要利用磁技术来记录数字信息的介质，包括软盘、硬盘、磁带和磁盘等。磁介质存储具有使用灵活、可读写、可检索、更新方便、便于携带等特点。

光存储介质是通过光学的方法读出与写入数据的一种存储介质，主要以光盘为主。从记录方式上讲，光存储介质可以分为只读存储型、一次写入型和多次写入型；从存储容量上讲，主要有 CD（一般容量为 700MB 左右）、DVD（最小存储容量达到了 4.7GB）、BD（蓝光盘，存储容量可达 25GB）等。

4. 按照电子资源的文件表现形式可以分为：文本形式、图像形式、音视频形式等类型。

文本通常指文字以编码的形式存储在存储介质上，计算机设备可以对其进行识别、组织、管理和检索等。图像通常指通过计算机绘制或通过扫描、拍摄等手段获得的图片输入计算机的文件类型。数字音视频通常包括语音、音乐等储存在计算机里的声音和各种储存格式的动态影像。

5. 按内容表现形式分为数字文献和数据库，其下再分为电子期刊、电子图书、电子报纸、专利文献、标准文献、学位论文、文摘/索引、数值/事实、多媒体、工具、软件等。

数字文献通常指由图书馆购买、数字化或通过其他途径获得的，以数字形式存在的带有特定内容的信息单元；数据库则为电子资源的描述性记录或内容单元的集合，并带有统一的用户界面及检索、处理数据的软件。

二、电子资源的产生与发展

电子资源的产生是伴随着电子计算机技术的诞生而出现的。1946 年世界上第一台大型电子计算机在美国的问世，成为实现信息数字化的开端，也为随之而来的电子资源奠定了基础。1960 年，最早的数据库《化学题录》和《医学索引》相继产生，至 1965 年大约有 20 个数据库可供使用，那时的数据库存储介质仅限于机读磁带，内容以科技文献书目、索引、文摘为主。1965 年以后随着集成电路计算机及硬盘的出现，开始出现了联机检索数据库，如 Dialog、Medline 等，到 1975 年达到 300 余个，数据库生产由政府行为逐步转向商业行为，用户也由政府机构扩展到图书馆和科研机构。

20 世纪 70 年代，随着卫星通信技术、光纤通信技术、PC 机的发展，联机检索得到了很大的发展机会，其不再受地域限制，向国际化发展。到 80 年代末，数据库数量已经达到 3600 多个，出现了光盘数据库，全文数据库开始迅速发展，并出现了数值和事实型数据库。

基于互联网的数据库具有分布式的特点，这表现在数据库的分布式存储、用户的分布式检索和数据的分布式处理。这一特点相比较联机数据库和光盘数据库具有以下优势:①数据库的存储量增长迅速,②数据内容的形式多样化,包括文本、图像、音频、视频等,③数据更新方便迅速,④检索响应速度快。尤其是在各种各样的元搜索和联机检索引擎大量出现之后,跨库检索成为可能,并在各图书馆广泛的应用起来。因此,自20世纪90年代以来,基于互联网的电子资源数量有了突飞猛进的增长(如表1-1)[①]。

表1-1 1975—2000年间数据库增长情况

	1975年	2000年	增长倍数
数据库产品数	300	13 000	43.2
数据库生产商	200	4000	20.0
数据库代理商	100	3000	30.0
数据记录条数	5200万	152.5亿	293.3

除数据库外,互联网上的其他类型的学术资源也得到了快速发展,越来越多的正式出版物被放到了网上。据 *Gale Directory of Databases* 2012年版统计,截止到2012年共有11 000个在线数据库和5000个以CD-ROM、DVD等为载体的数据库。

第二节 主要学术类外文电子资源

一、西文参考数据库

1. 概述

参考数据库(Reference Database),指包含各种数据、信息或知识的原始来源和属性的数据库,同时通过对各类文献的再加工和过滤,

① Hahn T B. Online Database and Information Retrieval Services Industry[G]//Encyclopedia of Library and Information Sciences, 3rd ed. London: Taylor & Francis, 2010:3963—3973.

如编目、索引、摘要、分类等而形成的。参考数据库主要包括:书目数据库、文摘数据库、索引数据库。书目数据库主要是针对图书进行内容及存储地址的报道与揭示,如各图书馆的馆藏目录数据库;文摘和索引数据库指对期刊论文、会议论文、专利文献、学位论文等进行内容和属性的认识与加工,它提供确定的文献来源信息,供人们查阅和检索。

参考数据库最早出现在1964年的"美国医学文献书目检索系统"(MEDLARS),到80年代末期参考数据库已达4000余个,其中1/4为书目数据库。随着网络和数字资源的发展,参考数据库已经逐步发展为网络版,而且不仅仅揭示和报道印刷型文献,也能够很好地揭示和报道电子书刊、学位论文等。

参考数据库内容全面,信息来源广;时效性强,报道及时,数据结构简单,记录格式大多固定,生产费用不高;连续累计性强,索引系统完备,具备引文分析、全文链接、文献评价、文献来源等多种功能,系统的开放性强,在使用上没有任何限制。

2. 引文索引与引文索引数据库

引文索引是指利用文献间的关系检索相关文献的索引,引文索引将引文作为标引词,利用文献之间的引用关系揭示了文献之间和学科之间的关系。最早的具有引文索引思想的检索工具为1873年美国学者弗兰克·谢泼德(Frank Shepard)编辑出版的《谢泼德引文》(*Shepard's Citation*)。受该引文编制思想的影响,尤金·加菲尔德(Eugene Garfield)创立了美国科学信息研究所,并于1963年出版了《科学引文索引》;1973年和1978年相继出版了《社会科学引文索引》及《艺术与人文科学引文索引》。这三个索引为信息情报界的三大检索工具。其印刷版有月刊、年刊和五年累积本,1988年光盘版问世,随着网络技术的发展,1997年ISI推出了网络版数据库。

①《科学引文索引》(Science Citation Index,SCI)由ISI出版及提供服务,为著名的科技文献引文索引数据库,涵盖173个学科,主要涉及药理学、生物化学、生物工艺学、物理、材料科学、医学、兽医学、计算机科学、化学、数学等,侧重基础理论研究,收录了来自世界上80个国

家和地区的 8224 种期刊。数据库每周更新，平均每周增加 1.9 万条新记录，年新增大约 98.8 万条引用的参考文献。其检索平台为 ISI Web of Knowledge，访问网址：https://apps.webofknowledge.com/wos。

②《社会科学引文索引》(Social Sciences Citation Index，SSCI)，为著名的人文社科引文索引数据库，其涵盖学科包括人类学、历史、行业关系、信息科学和图书馆科学、法律、心理学、社会学等。收录社会科学类期刊 2900 余种，数据库每周更新，每年新增数据库记录 15 万条。访问网址为：https://apps.webofknowledge.com/wos。

③《艺术与人文科学引文索引》(A&HCI)，收录了 1584 种艺术及人文科学期刊，其涵盖学科包括艺术、哲学、历史、文学等。数据库周更新，每周增加 2300 条新记录，访问网址为：https://apps.webofknowledge.com/wos。

3. 常用的科技类参考数据库

①《工程索引数据库》(The Engineering Index，EI)

②《化学文摘网络版》(Chemical Abstracts，CA)

③《科学文摘》数据库(INSPEC)

④《生物学文摘》(Biological Abstracts，BA)

⑤医学数据库 MEDLINE

⑥数学评论网络版(MathSciNet)

⑦地学参考数据库 GeoRef 和 GeoBase

4. 常用的社科类参考数据库

①经济学文摘数据库(EconLit)

②教育资源信息数据库(ERIC)

③心理学文摘数据库(PsycINFO)

④社会学文献数据库(SocioFile)

⑤图书馆与信息科学文摘数据库(LISA)

5. 综合类参考数据库

①ProQuest 剑桥科学文摘数据库

②OCLC FirstSearch 系统数据库

③Ingenta 期刊索引数据库

④最新期刊目次数据库(Current Contents Connect,CCC)

二、全文数据库

1. 概述

全文数据库(Full-text Database),指收录有原始文献全文的数据库。内容主要以报纸、通讯、书评杂志等为主。全文数据库出现在20世纪80年代,由于印本文献出版量和价格的快速增长,图书馆无法购买足够的一次文献满足读者的需求,随着网络技术的飞速发展,人们越来越多的希望能在互联网上直接获取一次文献,全文数据库有了迅速发展,全文数据库从1985年的占全部数据库比例的18%增长到2005年的78%①。

与其他类型的电子资源相比,全文数据库可以直接检索出原始文献;收录范围比较广,检索方便,由于全文数据存储空间大,一般不在本地设立存储服务器,而是通过互联网在提供商的平台进行检索和存取。文件多采用PDF文件和文本文件两种格式。由于全文数据收录的内容以印刷型出版物为主,再加上出版商对版权的考虑,全文库的内容存在着2个月至2年不等的时滞,这是选择该类数据库时采访人员必须要考虑的重要因素。目前,比较成熟的全文数据库如下。

2. ProQuest 系列全文数据库

ProQuest 是美国 Cambridge Information Group 公司的全球性全文检索和传送系统,它提供了对1250多亿个数字化页面的世界学术成果的无缝访问和导航,包括商业、教育、种族研究、政治学、历史、文学等数十个数据库,其主要的全文数据库有:

①ProQuest 中心数据库(ProQuest Central)

②商业信息数据库(ABI/INFORM Complete,ABI)

① Williams M E. The State of Database Today:2006[M]. Gale Directory of Databases,2006. Detroit:Thomson Learning Gale,2006.

③学术研究图书馆(ProQuest Research Library,ARL)

④典藏期刊全文数据库(Periodicals Archive Online,PAO)

⑤回溯报纸数据库(ProQuest Historical Newspapers)

⑥护理与联合健康资源数据库(Nursing & Allied Health Source)

⑦心理学期刊数据库(ProQuest Psychology Journals,PPJ)

⑧报纸数据库(ProQuest Newstand)

⑨文学在线(Literature Online,Lion)

⑩博硕士论文全文数据库(ProQuest Dissertations & Theses Database,PQDT)

3. EBSCOhost 系列全文数据库

EBSCOhost 是美国 EBSCO 公司的全文数据库整合平台,目前有 170 多个数据库,主题涉及人文科学、社会科学、自然科学、工程技术等。数据库网址为:https://search.ebscohost.com,其主要的全文数据库有:

①学术资源全文数据库(Academic Source Complete,ASC)

②商业资源全文数据库(Business Source Complete,BSC)

③报纸资源库(Newspaper Source)

④职业技术全集数据库(Vocational Studies Complete)

⑤历史参考中心数据库(History Reference Center)

⑥计算机资料库(Computer Source)

⑦通信与大众传媒全集数据库(Communication & Mass Media Complete,CMMC)

需要说明的是 EBSChost 与 ProQuest 系列全文数据库之间在内容上有一定的重复,重复的比例约在 20%—40% 之间。

4. LexisNexis 全文数据库

LexisNexis 成立于 1973 年,是社会科学领域较早提供数据库服务的公司,1979 年 Nexis 加盟,更名为 LexisNexis,其数据库提供 4 万余种法律、新闻和商业资源。其主要数据库如下:

①学术大全数据库(LexisNexis Academic)

该数据库主要以新闻和商业、法律三大类资源为主,其中收录报纸1000多种,杂志700余种以及500余种法律评论文章,美国联邦及50个州的法律法规。该库与ProQuest系列全文数据库和EBSCOhost系列全文数据库内容上有一定的重复,重复比例约在10%左右①。

②全球法律信息数据库(Lexis. com)

《全球法律信息数据库》是著名的法律信息数据库,收录各种法律法规、案例、专题论文及各种法律文献资料,Lexis. com与LexisNexis Academic两个数据库的法律部分是重复的,约占其总内容的10%—15%,Lexis. com法律领域收录的内容比LexisNexis Academic多出1倍。

与Lexis. com类似的法律数据库有Westlaw、Heinonlin,三者之间有少量重复,这三大法律数据库的内容比较如下表:

表1-2　Lexis、Westlaw、Heinonlin三大法律数据库比对

数据库 收录内容	LexisNexis	Westlaw International	Heinonline
案例	美国联邦和各州的判例法案例,共27个国家和地区的法律信息	美国自1685年起所有案例;英国、欧盟、澳大利亚、中国香港、加拿大自1825年起的所有案例	1700年起世界著名审判;美国最高法院文库
法学期刊	967多种(回溯到1980年)	1000多种,涵盖80%的法学核心期刊	近1300种
法律新闻	9000多种报纸、杂志和新闻简报。	以《纽约时报》《金融时报》《经济学人》、汤姆森商业财经资讯等为主,约6000余种报纸	

① 肖珑. 数字信息资源的检索与利用[M]. 北京:北京大学出版社,2012:189.

续表

数据库 收录内容	LexisNexis	Westlaw International	Heinonline
法规、法典	24个国家和地区的法律、法规	以英、美、欧盟、香港、加拿大为主	以美国为主，国际法数据库含国际法领域权威巨著

Lexis. com 和 Westlaw 是综合性法律数据库，注重较新资料的收集；Heinonline 是回溯性数据库，期刊收录年限较早。从期刊收录品种上来看，Westlaw 与 Heinonline 期刊重复品种数为 300 种左右，与 Lexis. com 期刊重复品种数为 400 余种。

5. 其他全文数据库

①解密档案参考系统（Declassified Documents Reference System, DDRS）

②解密后的美国国家安全档案（Digital National Security Archives, DNSA）

③美国早期印刷品（Early American Imprints, EAI）

④IEEE/IET 电子图书馆（IEEE/IET Electronic Library, IEL）

⑤Westlaw 法律数据库

⑥Heinonline 法律数据库

⑦Gale 系列全文数据库

⑧OCLC 的 ECO 全文数据库

三、电子期刊数据库

1. 概述

电子期刊（E-journal）是指以数字形式出版发行的期刊，电子期刊最早产生于 20 世纪 80 年代，随着网络技术的发展，它经历了从 CD-ROM 到 DVD，再到互联网的过程，服务模式也从单机、联机发展到万维网的模式。电子期刊分为两种类型:一种是印本期刊的电子版,其主要内容与印刷版相同,但是借助了网络技术和计算机技术,通过计算机平台增强了读者服务的功能:如检索功能,超文本链接功能等;另一种是原生电子期刊,只能在互联网上发行的纯电子期刊(E-only)。

电子期刊与前文中提到的全文期刊库是有区别的。电子期刊直接由出版社出版发行,如大型出版社和著名的学/协会都有自己出版发行的电子期刊。而全文期刊库是指由数据库集成商(Aggregator)通过与出版社签订授权代理协议按照学科分类收录的期刊数据,通常一个平台上包含多家出版社的期刊,多以中小型出版社的期刊居多,在出版时间上有一定时滞(Embargo)。

与传统的纸本期刊相比,电子期刊具有出版周期短、时效性强、检索方便、使用灵活等特点。因此,目前国内外的大学图书馆通常选择电子版期刊,而放弃纸本期刊的订购,馆藏中在订的纸本期刊大多是与数据库捆绑而不得已才订购的期刊。

电子期刊的服务方式通常有如下几种:一、由出版商直接向用户提供服务。二、由服务商(Aggregator)提供服务。三、镜像服务(Mirror Site),即由出版商提供系统和数据库,在本地建立服务器开展服务。这种服务方式可以减少用户的国际流量费,但是通常镜像数据的上传会有一定的时间滞后。四、本地服务,指采用用户本地开发的系统,出版商提供裸数据服务。

2. 主要理工类外文期刊数据库

①《科学在线》(*Science Online*)

②《自然》(*Nature*)

③《细胞》(*Cell*)

④《美国数学学会》(AMS)期刊数据库

⑤《英国物理学会》(IOP)期刊数据库

⑥《英国皇家化学学会》(RSC)期刊数据库

⑦《美国电器电子工程师学会》(IEEE)和《英国电器工程师学会》(IEE)期刊数据库

⑧《美国土木工程师学会》(ASCE)期刊数据库

⑨《美国机械工程师学会》(ASME)期刊数据库

⑩《国际光学工程学会》(SPIE)期刊数据库

3. 主要人文社科类外文期刊数据库

①JSTOR 英文回溯期刊数据库

②《典藏期刊全文数据库》(PAO)

③《缪斯计划》(Project Muse)期刊数据库

④《美国心理学会》(APA)期刊数据库

⑤剑桥大学出版社期刊数据库

4. 综合类外文期刊数据库

①Elsevier 出版社的 ScienceDirect 期刊数据库

②John Wiley 出版社的期刊数据库

③Taylor & Francis 出版社的期刊数据库

④SAGE 出版社的期刊数据库

⑤Emerald 出版社的期刊数据库

⑥牛津大学出版社的期刊数据库

5. 外文报纸数据库

所谓电子报纸(Electronic Newspaper),广义上是指任何利用电子技术传输的以文字为主的新闻报道,而狭义上是指通过计算机传输的连续的报纸内容。美国国会图书馆《连续出版物载体转换编目手册》2002 年版对电子报纸的定义为:"一种电子报纸必须符合同时是一种报纸和一种远程存取的电子连续出版物,一种登载专业性或一般性时事新闻、以机读形式发行、通过与电子计算机连接的输入输出装置存取的连续出版物。"①所以,图书馆所收藏和定义的电子报纸首先应该具有新闻报道的媒体特征,同时还要具备连续出版物的特征和通过计

① Library of Congress. CONSER Cataloging Manual(Module 33. 18)-on Electronic Newspapers[EB/OL].[2011 - 08 - 24]. http://www. loc. gov/acq/conser/mod33-18. pdf.

算机和相关设备读取的数字信息特征，三者缺一不可。

电子报纸的服务方式更加贴近用户的生活需求，它可以根据受众的需求设计不同主题的相关内容，不但节省了反复翻阅的麻烦和过滤信息的时间，也不容易遗漏相关的信息。此外，电子报纸的制作与发行成本远低于印刷型报纸，那些限于报纸版面篇幅、无法长期刊载的文章，或是较为小众的信息内容，都可以通过电子报纸的渠道发行。目前有代表性的电子报纸主要有以下几种：

（1）《纽约时报》网络版

美国最有影响的大报之一，创办于1851年。网络版可提供最近7天报纸的免费阅读。

数据库网址：https://www.nytimes.com（美国版）

https://global.nytimes.com（全球版）

（2）《华盛顿邮报》网络版

美国最有影响的大报之一，与《纽约时报》一起被称为美国两大新闻类报纸，创办于1877年。网络版可为注册用户提供近14天报纸的免费阅读，另外在EBSCOhost平台上可以检索2003年2月至今的全文信息。

数据库网址：http://www.washingtonpost.com

（3）世界各国报纸全文库（Access World News）

Newsbank公司最具代表性的数据库之一，收录4000多份来自世界各地的报纸，及200多家通讯社的通讯稿，收录《金融时报》《泰晤士报》《卫报》《商业时报》等。

数据库网址：http://www.newsbank.com

（4）PressDisplay报纸数据库

该数据库收录来自90多个国家的2000余种世界各国的报纸，涉及英语、俄语、德语、日语、韩语、阿拉伯语、西班牙语、法语、波兰语、葡萄牙语等四十余种语言。其中主要报纸包括《华尔街日报》《华盛顿邮报》《金融时报》《卫报》《观察家报》《费加罗报》《每日快讯》《每日电讯》《今日美国》《每日镜报》等。该库内容每日更新，回溯60—90

天内的报纸内容，收录每期报纸的全部内容并保持印本报纸的原始版面（PDF 格式）。

数据库网址：http://www，pressdisplay/viewer. aspx

四、电子图书数据库

1. 概述

电子图书（E-book）是以磁、光、电等非纸介质为记录载体，以信息的生产、传播和再现替代纸质图书的制作、发行和阅读的一种新型媒体工具，是随着世界计算机技术的出现与发展而出现并迅速发展的[①]。

电子书发展至今已经有近 50 年的历史。1971 年，在迈克尔·哈特（Michael Hart）的主持下，谷腾堡计划（Project Gutenberg）成为全球第一个系统的电子图书项目。进入 21 世纪之后，随着计算机和互联网技术的飞速发展，电子图书被看作是继电子数据库、电子期刊之后电子出版的第三次浪潮，极大地刺激了传统图书的出版和发行，并逐渐地改变着读者的阅读习惯，给人类社会的文化、生活和图书馆馆藏建设带来了极大的变革。

电子图书按照载体和出版形式分为：

①封装型电子图书：主要指光盘电子书及书刊附盘电子书，需要借助电脑才可以阅读的电子书。

②网络型电子图书：指存放在网络服务器上，通过浏览器或专门的阅读软件阅读的电子书。目前图书馆向读者提供服务的电子图书数据库均属于此类。例如方正阿帕比数字资源平台、超星数字图书馆等。

③离线型电子图书：指利用移动阅读设备下载或借阅后，不依赖于网络就可以阅读的电子图书。常见的设备有电子图书阅读器、手机、平板电脑等。

---

① 陈近，文庭孝. 论电子图书对图书馆发展的影响［J］. 现代情报，2008（10）：7.

2. 西文电子图书数据库

西文电子图书主要由国外的大中型出版商和集成商出版发行。如荷兰的 Elsevier 出版社、德国 Springer 出版社、美国 John Wiley 出版社等都有自己的电子书平台;为了便于读者按照学科和专题进行查阅,国外有 3 家比较著名的电子图书集成数据库,如 EBSCO ebook、Ebrary、Myilibrary,这三大数据库的内容及收录范围见下表:

表 1-3　EBSCO ebook、Ebrary、Myilibrary 数据库收录比对

数据库	EBSCO ebook	Ebrary	Myilibrary
概况	原名 Netlibrary,隶属于 OCLC,2010 被 EBSCO 公司收录	1999 年由 Mcgraw-Hill Company,Pearson 和 Random House 三家公司共同投资组建	由英格拉姆数字集团出版
收录图书数量	27 万种	25 万种	30 万种
学科范围	科学、技术、医学、生命科学、计算机科学、经济、文学、历史、社会与行为科学等	商业经济、计算机、语言文学、社会科学、医学、历史等	哲学、心理学、历史学、地理学、法律、教育学、自然科学、农业科学、图书情报等
新书比例	90% 是 1990 年以后出版的	大部分图书是近年出版的	2000 年以后出版的图书占 70% 以上

3. 其他外文电子图书数据库

①Early English Books Online(早期英文书籍在线,EEBO)

该数据库收录了现存的 1473—1700 年间早期英语世界的出版物全文,由密歇根大学、牛津大学和 ProQuest 公司合作开发,资源总量达 12.5 万余册,超过 2250 万页。内容包括知名作家著作、文学资料、历史资料、公共文件、经书等各类型资源,覆盖艺术、历史、文学、数学、宗教、物理学、哲学、政治、心理学等诸多研究领域。

②Early American Imprints(美国早期印刷品,EAI)

该库收录了现存的1639—1819年期间在美国出版的74 000种图书文献,分为Evans与Show-Shoemaker两个系列。系列一以Charles Evans所著《美国书目》及Roger Bristol所著《美国书目补编》为基础,汇集了美国主要图书馆以及一些重要的欧洲图书馆的馆藏;系列二以Ralph B. Shaw教授和Richard H. Shoemaker教授编辑的《美国书目,1801—1819》为基础,收录许多与当时蓬勃发展的美国直接相关的国家文件和早期的政府资料。

③阿拉伯语电子书(Kotobarabia Arabic E-Library)

该库收录了约7000种阿拉伯语电子图书,包括《现代埃及典藏》与《现代阿拉伯文艺复兴》两个专辑。内容包括了禁忌文学、小说、散文、学术著作与大众文学等各类型的文学作品,涵盖了商业管理、政治、文学、媒体、心理学、科学、社会学、经济学、哲学与神学、历史、法律、伊斯兰遗产、语言、伊斯兰教、地理学与地质学等29个主题领域。

④ Springer电子图书

Springer电子图书是全球最大的科学、技术和医学在线电子图书数据库,提供全文访问服务,产品包括专著、教科书、手册、图解集、工具书、丛书等。通过Springer电子图书数据库可以访问所有Springer电子版书籍,数据库中包含超过40 000种电子图书、电子丛书和电子参考工具书,每年递增多达4000种。国家科技图书文献中心(NSTL)持有Springer回溯丛书库的国家使用许可,包括了14种著名丛书、4513个卷期和8.8万个章节。

五、数值和事实型数据库

1. 概述

事实数据库(Factual Database)指包含大量数据、事实并直接提供原始资料的数据库,分为数值数据库、指南数据库、术语数据库等[①]。数值

① 肖珑.数字信息资源的检索与利用[M].北京:北京大学出版社,2012:319.

数据库(Numeric Database)指专门以数值方式表示数据的数据库,如统计数据库、化学反应数据库等。数值和事实型数据库提供对特定的事实和数值的检索与利用,直接面向问题以特定的事实或数字解决用户的查询,从某种程度上来说它们相当于我们传统意义上的参考工具书。但是它们比参考工具书在检索上更加快捷方便,内容更新更及时,存储的信息范围更加广泛,尤其在信息资源的交互性和共享方面更加强大。

2. 主要科技类数值和事实型数据库

①贝尔斯坦/盖墨林化学数据库

② Reasys 检索系统

3. 主要社科类数值和事实型数据库

① Gale 参考资料数据库

②《不列颠百科全书网络版》(Encyclopedia Britannica,EB)

③《珍稀原始典藏档案合集:亚洲》(Archives Unbound Asia)

④英国外交部档案:印度、巴基斯坦与阿富汗,1947—1980

⑤Gale 传记与系谱索引数据库(Biography and Genealogy Master Index)

⑥世界历史文化原始资料数据库集成

4. 经管类数值和事实型数据库

① BvD 全球金融、财务分析、各国宏观经济指标库

② EMIS 全球新兴市场商业资讯库

③ GMID 全球市场信息数据库

④ IMF 国际货币基金组织数据库

⑤ World Bank 世界银行数据库

⑥ SourceOECD 经济合作发展组织数据库

⑦《商业资源中心:精要版》(Business Insights:Essentials)

六、特种文献数据库

1. 学位论文

学位论文是高等学校或科研机构的学生为获得学位,在导师的指

导下撰写完成的科学论文,其中博士和硕士论文因其专业性强、学科广泛、内容新颖等特征而成为一类重要的学术信息资源。学位论文一般都是非正式出版物,收藏机构多为学位授予单位本身,但此外还有国家规定的特定收藏单位,如国家图书馆主要收藏全国的博士论文,兼收部分硕士论文。由于大部分论文不公开出版,因此读者只能到阅览室查阅,获取方式有一定的局限性。随着网络技术的发展,各学位授予单位纷纷建立本单位的学位论文数据库,各收藏单位也开始数字化本馆的馆藏,目前比较有影响力的外文学位论文库有如下两个:

① ProQuest 博硕士论文数据库

ProQuest 博硕士论文数据库(ProQuest Dissertations & Theses, PQDT)该库是世界著名的学位论文数据库,收录来自欧美 2000 余所大学的 270 多万篇学位论文的文摘信息,涵盖文、理、工、农、医等各个学科领域,是迄今为止世界上最大的国际性博硕士论文数据库。从 2002 年起,CALIS 开始组织 ProQuest 学位论文全文数据库集团采购,由每个参与成员馆购买一部分学位论文全文,集团内采购的所有学位论文放在服务器上共享,各个学校的校园网用户可免费下载这些学位论文。

② NDLTD 学位论文数据库

NDLTD(Networked Digital Library of Theses and Dissertations)是由美国国家自然科学基金会支持、由美国弗吉尼亚理工大学在 1997 年发起建立的网上学位论文共建共享项目。采取学位论文元数据集中建库、全文由参建机构本地建库的发展模式,目前,全球有 170 家图书馆、7 个图书馆联盟、20 多个专业研究所加入了 NDLTD,这种开放获取的模式使信息资源得到了更好地共享。

数据库网址:http://www.ndltd.org/find

2. 会议文献

会议文献是指在学术会议上宣读和交流的论文、报告及其他相关资料。会议文献没有固定的出版形式,有的是刊载在学/协会出版的期刊上作为增刊或者特刊,有的发表在专门刊载会议论文摘要的期刊上，还有的是以缩微品的形式出版。具有专题性、连续性、新颖性等特点。目前，主要的外文会议文献数据库有如下几种：

①会议录引文索引数据库

《会议录引文索引数据库》(Conference Proceedings Citation Index, CPCI)由美国汤森路透公司出版，包含 11 万个会议的 520 多万条会议录文献、书籍、丛书等的书目记录。它包含《科学会议录引文索引》和《社会科学与人文科学会议录引文索引》两个子库，CPCI 是查询世界学术会议文献的重要的检索工具之一，它所收录的国际会议水平高、数量多、信息量大、速度快、检索途径多，在同类检索工具中影响最大，是 Web of Science 平台上重要的引文索引数据库。

数据库网址：http://webofknowledge. com/wos

② OCLC 会议文献数据库

OCLC FirstSearch 检索平台上有 ProceedingsFirst 和 PaperFirst 两个会议文献数据库，其数据来自大英图书馆文献提供中心，收录世界各地的国会、研讨会、展览会等各种会议资料。

数据库网址：http://firstsearch. oclc. org/FSIP

③美国电气电子工程师学会/英国工程技术学会会议录文献(IEEE/IET)

④国际光学工程学会会议录文献(The International Society for Optical Engineering, SPIE)

3. 专利文献

专利文献是指记载专利信息的文献，包含专利说明书、专利证书、专利索引、专利分类表等。专利文献不同于一般文献，它是集科技、法律、经济信息于一体的经过标准化的信息资源。其特点：报道迅速、内容广泛、准确可靠，内容有局限，说明书文字比较晦涩。目前世界上主要的专利分类体系有《国际专利分类表》《美国专利分类法》和《欧洲专利分类法》。主要的西文专利数据库有如下几种：

①德温特创新索引数据库(Derwent Innovations Index, DII)

②美国专利全文数据库(The United States Patent and Trademark

Office, USPTO)

③欧洲专利数据库(European Patent Office, EPO)

④世界知识产权组织专利数据库(WIPO PATENTSCOPE)

4. 标准文献

标准文献是指记录“标准”的文献,广义的标准文献包含与标准有关的一切文献,指由产品标准、过程标准、服务标准及其他标准性质的文件所组成的文献体系,以及关于标准化的书刊、目录和手册以及与标准化工作有关的文献。狭义的标准文献指带有标准号的标准、规范、规程等规范性技术文件。

标准文献的特点:

①制定、审批有一定的程序。

②适用范围非常专一。

③有固定的编排格式,内容描述严谨,具有法律效力和可执行性。

④时效性强,有一定的有效时间,更新、修订和废除的周期短。

国外主要的标准文献数据库及网站有:

①美国电气电子工程师学会(IEEE)和英国工程技术学会电子图书馆(IEEE/IET Electronic library, IEL)

②国际标准化组织网站

③国际电工委员会网站

5. 科技报告

科技报告是报道或记录研究工作和开发调查工作的成果或进展情况的一种文献类型,是由研究、设计单位向提供经费资助或支持的单位和组织提交的正式报告。科技报告详尽地记录了科研工作过程中的研究、考察、实验结果,报道了科学技术研究的最近进展,反映了科学技术问题的现状和发展趋势,具有很高的学术研究价值。

科技报告的出版形式比较特殊,一般都有连续编号,出版发行不规则。内容比较系统,专业性强,发表及时,报道新成果的速度超过期刊及其他文献。

著名的科技报告为《美国政府科技报告》,其报告种类繁多,最主要的有四大报告:分别是行政系统的 PB 报告、军事系统的 AD 报告、航空与宇航系统的 NASA 报告、原子能和能源管理系统的 DOE 报告。这四大报告涵盖了数、理、化、工程、医学等所有的科技领域,是美国科技信息的重要组成部分。

第三节 开放获取资源(OA)

一、概述

开放获取(Open Access,简称为 OA)是随着互联网的普及而逐渐兴起的一种学术信息传播模式。其内涵是通过对学术作品和科研成果无法律限制、无技术障碍的免费获取及再利用,以提高科研和学术成果的利用率,并实现科研投入效益的最大化,进而提升国家整体科技水平和实力。

开放获取运动始于 2001 年 12 月在匈牙利首都布达佩斯召开的 OA 国际会议,翌年 2 月 12 日第一个 OA 宣言——《布达佩斯开放获取倡议》(Budapest Open Access Initiative,BOAI)发表。按照《布达佩斯开放存取倡议》中的定义,开放获取是指某文献在 Internet 公共领域里可以被免费获取,允许任何用户阅读、下载、拷贝、传递、打印、检索、超级链接该文献,并为之建立索引,用作软件的输入数据或其他任何合法用途。用户在使用该文献时不受财力、法律或技术的限制,而只需在存取时保持文献的完整性,对其复制和传递的唯一限制,或者说版权的唯一作用应是使作者有权控制其作品的完整性及作品被准确接受和引用①。

目前全球 119 个国家共出版有 OA 期刊 9137 种,机构知识库的数

① Budapest Open Access Initiative[EB/OL].[2015-08-01].http://www.budapestopenaccessinitiative.org/.

量到 2013 年 5 月初达到 2272 个。另外由来自 75 个国家的数百名志愿者管理的 RePEc 经济学知识库目前存储的预印本也达 120 万篇。

OA 的特征：

①投稿方便，出版快捷；

②出版费用低；

③便于传送或刊载大量的数据信息；

④检索方便。

二、开放获取期刊

开放获取期刊是指任何经过同行评审，以免费的方式提供读者或机构取用、下载、复制、打印、分享、发行或检索的电子期刊。开放获取期刊是一种免费的网络期刊，旨在使所有用户都可以通过因特网无限制地访问期刊论文全文。此种期刊一般采用作者付费出版、读者免费获得、无限制使用的运作模式，论文版权由作者保留。在论文质量控制方面，OA 期刊与传统期刊类似，采用严格的同行评审制度。开放获取期刊不再利用版权限制获取和使用所发布的文献，而是利用版权和其他工具来确保文献可永久公开获取。根据开放的程度，开放出版分为好多类型：从期刊是否仍需付费订阅的角度，可分为全开放出版（所有论文开放获取）和复合开放出版（期刊本身仍需付费订阅，但部分论文开放获取）；从论文开放时间角度，可分为立即开放出版和延迟开放出版。

开放获取期刊作为一种新型的、免费的学术电子期刊，发展至今涵盖了几乎全部的学科领域，期刊数量达万种。主要的开放获取期刊项目如下：

①《开放获取期刊目录》

《开放获取期刊目录》（Directory of Open Access Journals，DOAJ）是由瑞典的隆德（Lund）大学图书馆整理建立的一个开放获取期刊目录平台，收录的均为学术性、研究性期刊，其文章都经过同行评议或严格评审，质量高，与期刊发行同步，且都能免费下载全文，是做学术研究的好帮手。截至 2012 年 8 月 6 日，该平台共整合有 8005 种期刊。

网址：http://www.doaj.org/

②Open J-Gate

Open J-Gate 也是 OA 期刊整合的资源平台，由 Informatics (India) Ltd. 公司于 2006 年创建并开始提供服务，提供 OA 期刊的检索和全文链接。截至 2011 年 7 月 12 日，该平台共收录 OA 期刊 8949 种。

网址：http://www.openj-gate.com/

③BioMed Central

BioMed Central 是生物医学领域的一家独立的新型出版社，以出版网络版期刊为主，目前出版 120 种生物学和医学领域的期刊，少量期刊同时出版印刷版。BMC 出版社基于“开放地获取研究成果可以使科学进程更加快捷有效”的理念，坚持在 BMC 网站免费为读者提供信息服务，其出版的网络版期刊可供世界各国的读者免费检索、阅读和下载全文。

网址：http://www.biomedcentral.net.cn/

④PubMed Central

PubMed Central 是由美国国家生物技术信息中心 (National Center for Biotechnology Information, NCBI) 于 2000 年 2 月建立的生命科学期刊文献数据库，保存生命科学期刊主要研究论文的全文，免费供公众使用。PMC 的所有全文在 NCBI 的 PubMed 平台中都有相应的篇名和摘要。在利用 PubMed 检索时，检索结果中可以在网上免费获得全文的文献记录都会有相应的链接，其中包括在 PMC 免费获取全文。

网址：http://www.pubmedcentral.com/

三、开放获取仓储

开放获取仓储主要有两种类型，即机构知识库和学科知识库。

机构知识库 (Institutional Repository, 简称 IR) 是基于网络的、学术机构的学术和科研成果之数字整合平台，其平台由各机构提供，并由机构成员将个人或机构的研究成果提交到机构的知识库中，使其资源在一定范围内传播利用,并负责进行长期保存。2002 年 11 月美国麻省理工学院和惠普公司共同开发了第一个机构知识库 DSpace,它拉开了全球大规模建设机构知识库的序幕,自此,机构知识库便如雨后春笋般蓬勃发展起来。

学科知识库是按照学科或者主题领域进行组织的知识库,它一般收录预印本和后印本两种类型的内容。早期的知识库就是基于某个学科领域的学科知识库。知识库建立之初,由于各种原因主要局限于自然学科领域,如物理、天文学、数学等。随着因特网的发展,社会科学和人文科学领域的学术组织为了将研究成果及时公布共享,也纷纷建立本了学科的知识库。

据开放获取仓储登记机构 ROAR(Registry of Open Access Repositories)统计,截至 2012 年 8 月,全球已登记的开放获取仓储库有 2386 个,分布在 6 大洲的 99 个国家和地区,其中欧美的发展最为突出,美国 408 个,英国 220 个[①]。较为重要的开放获取仓储如下:

①OpenDOAR

OpenDOAR 是由英国的诺丁汉大学和瑞典的隆德(Lund)大学图书馆于 2005 年 2 月共同创建的开放获取仓储检索系统,提供全球高品质开放获取信息资源库清单。用户可以通过机构名称、国别、学科主题、资料类型等途径检索和使用这些资源,它和 ROAR、DOAJ 一道构成当前网络开放获取学术信息资源(期刊论文、会议论文、学位论文、技术报告、专利、学习对象、多媒体、数据集、研究手稿、预印本等)检索的主要平台。

网址:http://www. opendoar. org/

②Public Library of Science

PLoS 为美国科学公共图书馆(the Public Library of Science)的简称,该机构创立于 2000 年 10 月,是一家由众多诺贝尔奖得主和慈善

① ROAR. Repository Browse by Country[EB/OL]. [2012 - 08 - 09]. http://roar. eprints. org/view/geoname/.

机构支持的非营利性学术组织,服务科技人员和医学人员,并致力于使全球范围内的科技和医学领域文献成为可以免费获取的公共资源。

网址:http://www.plos.org/

③ROAR

ROAR是一个开放获取机构库注册的网站,由英国南安普敦大学的Tim Brody编制维护,目前已收录各种类型的机构典藏库近2000个,是获取机构典藏库资源的重要网站,用户可通过国家、内容类型、所使用软件的类型来浏览所需要的机构典藏库资源,该网站还提供快速检索功能,方便用户检索。

网址:http://roar.eprints.org/

四、电子预印本

电子预印本是指科研工作者的研究成果还未在正式出版物上发表,而出于和同行交流目的自愿通过互联网等方式传播的科研论文、科技报告等文献。与预印本同类的文献有:工作论文、科技报告等,与刊物发表的论文相比,预印本具有交流速度快、利于学术争鸣等特点。

比较著名的电子预印本文献库为arXiv.org。它是由美国国家科学基金会和美国能源部资助,在美国洛斯阿拉莫斯国家实验室建立的电子预印本文献库。该库建于1991年8月,其建设目的在于促进科研成果的交流与共享,帮助科研人员追踪本学科最新研究进展,避免研究工作重复等。截止到2012年,它收录物理学、数学、非线性科学、计算机科学等四个学科的学术论文70多万篇。

其主站点设在康奈尔大学http://arxiv.org/,在世界各地设有17个镜像站点。其中洛斯阿拉莫斯国家实验室镜像站点是http://xxx.lanl.gov/,中国的镜像站点是http://cn.arXiv.org。

五、开放出版的新模式-SCOAP3

2012年10月1日,来自中国、美国、德国、法国、英国等国家和欧洲核物理研究中心(CERN)的代表齐聚CERN,宣布SCOAP3(粒子物理开放出版资助联盟计划,Sponsoring Consortium for Open Access Publishing in Particle Physics)[①]正式启动,从2014年起实现高能物理领域高水平学术论文的开放出版。SCOAP3由100多个高能物理资助机构和研究机构参加,由这些机构联合出资,根据公开竞争原则向出版高能物理高水平论文的出版社招标购买开放出版服务。凡接受SCOAP3资助出版的论文,在出版时通过出版社网站立即和永远开放获取;论文按照创作共用署名许可(CC－BY)方式允许广泛的再利用;出版社不再向作者收取任何费用;出版社必须为所有图书馆扣减相应内容的订购费;出版社必须将论文自动转存到SCOAP3知识库,并通过该知识库分发到作者单位的机构知识库长期保存。

SCOAP3是一种创造学术信息交流历史的重大新举措,通过将原来用于文献订购的经费转为"开放出版服务费",将成熟的学术期刊直接转为开放出版,既维持了高水平的同行评议质量控制和学术期刊正常出版,又有效实现了整个领域学术成果的开放获取[②]。同时,SCOAP3正在创造一种不同于传统图书馆文献采购机制的新的信息获取能力保障模式。它将源自科研教育经费的文献订购费用直接用于从源头上组织学术论文的开放出版,不仅保证了学术论文一出版就能开放获取,还有效保留了作者及其机构对论文的著作权,充分保障了社会对论文内容的再利用和长期保存,大幅度扩展了学术论文支持研究与创新的范围和程度,显著提升了这些经费及其支持的学术论文的社会效益和经济效益。

目前,经过公开招标,7家出版社的12种期刊参加了SCOAP3计划。SCOAP3创新了开放出版的经济模式,目前国内已在NSTL设立

---

① SCOAP3. Sponsoring Consortium on Open Access Publishing in Particle Physics[EB/OL]. [2012－08－13]. http://www.scoap3.

② Towards open access publishing in high energy physics: Report of the SCOAP3 Working Party [EB/OL]. [2012－08－13]. http://www.scoap3.org/files/Scoap3WPReport.pdf.

SCOAP3 中国工作组,负责 SCOAP3 计划实施的相关工作。在资源建设过程中,采访人员应该关注期刊的动态,把握其开放获取的政策,以便更好地做好采选工作。

表 1－4　2014 年国家图书馆馆藏资源中涉及 SCOAP3 计划的资源情况

刊名	纸本馆藏	电子馆藏
Physical review. C	V.1 至今	APS 电子期刊平台 V1n1 至今
Physical review. D	V.1 至今	APS 电子期刊平台 V1n1 至今
Physics Letters B	V.24 至今	SD V.24 至今
Nuclear Physics B	V.1 至今	SD V.1 至今
Advances in High Energy Physics	无馆藏	OA 期刊
Chinese Physics C	V.32 至今	IOP V.32 至今
New Journal of Physics	无馆藏	IOP V.1 至今
Journal of Cosmology and Astroparticle Physics	无馆藏	IOP 2003 至今
Acta Physica Polonica B	V.1—V.31	OA 期刊
Progress of Theoretical Physics (to become PTEP)	V.1 至今	OUP
European Physical Journal C	V.1 至今	SpringerLINK V.1 至今
Journal of High Energy Physics	V.1	SpringerLINK Issue1 至今

根据 SCOAP3 计划,在 2014 年的纸本期刊结算时,上述期刊都进行了不通程度的费用抵扣,既节约了购书经费,又使资源得到最大化利用。

第二章　电子资源的采访原则及馆藏发展政策

第一节　电子资源馆藏发展政策

一、馆藏发展政策定义及编制的目的、原则

1. 馆藏发展政策的起源

馆藏发展政策的系统研究起源于20世纪50年代,经过近60年的发展取得了大量的研究成果,它在不同的历史时期保证了图书馆馆藏的科学持续发展。馆藏发展政策最初被称为“采选政策”,其目的是应对出版物审查制度,保护知识自由。20世纪60年代末至70年代初,馆藏发展政策的主要目的发展为阐明图书馆的社会责任,界定其所服务的读者群体。20世纪70年代末,随着图书馆经费的削减,馆藏发展政策成为图书馆合理使用经费的有效指南。20世纪80至90年代,以美国图书馆协会《馆藏建设政策规范指南》的颁布为标志,馆藏发展政策的研究达到高峰。近年来的数字化趋势使图书馆馆藏形态发生了变化,面对这种转变,图书馆界需要重构馆藏管理的理论研究与实践,借助馆藏发展政策为图书馆应对数字化挑战提供蓝图。

2. 馆藏发展政策的定义

馆藏发展政策是图书馆用于规范本馆文献资源发展及具体实施方法的文件[①],其不仅体现了该馆的文献采选政策,还明确了该馆的发展目标和使命,是指导图书馆工作人员从事馆藏建设的纲领,也是图

① Biblarz D. ,Guidelines for a collection development policy using the conspectus model[EB/OL]. [2015 - 08 - 01]. http://www. ifla. org/files/assets/acquisition-collectiondevelopment/publications/gcdp-en. pdf.

书馆用户及外界机构了解图书馆馆藏性质的根本途径。

3. 馆藏发展政策的编制目的

国际图联资源采访与馆藏发展工作组(IFLA Acquisition and Collection Development Section)将制定馆藏发展政策的目的归纳为以下四点:

(1)为文献采选提供依据。馆藏发展政策是图书馆规划文献资源发展、合理安排购书经费的基本依据,是文献采访工作人员的工作指南和培训手册,为文献的采选、加工、典藏、剔除、保存等各个流程提供了标准,有利于保证馆藏发展的连续性和系统性。

(2)为馆藏发展提供规划。馆藏发展政策明确了馆藏发展的目标及馆内文献资源发展各方的分工与职责,使图书馆能够合理安排利用人力、财力,在资金紧缺的情况下优先发展重点馆藏,为文献资源购置经费预算和分配提供了依据。

(3)为图书馆用户提供便利。馆藏发展政策向读者、管理者、出版商、捐赠者等用户全面系统地介绍了图书馆的馆藏与服务,便于用户了解馆藏、使用馆藏并参与到馆藏建设中来。

(4)为馆际合作提供框架。馆藏发展政策为馆际合作提供了联络和交流的范本,使国家间、地区间图书馆在共同了解馆藏性质和范围的前提下进行有效的合作与交流。

4. 馆藏发展政策的编制原则

(1)以所在图书馆的发展规划为依据,了解服务对象的文献需求,使馆藏文献资源建设的目标符合图书馆发展的需要。

(2)充分了解图书馆的实际情况,评估现有馆藏,了解馆藏的优势与不足。

(3)明确图书馆内各部门在文献资源建设中的责任与分工,便于文献发展工作中的交流与配合。

(4)编制过程中广泛征求服务对象和图书馆工作人员的意见和建议,不断完善馆藏发展。

(5)根据社会信息环境和技术环境的变化,以及图书馆任务、目标、读者需求的变化,及时修订馆藏发展政策。

二、馆藏发展政策的基本内容

馆藏发展政策包括引言、总论、馆藏发展的责任归属、馆藏政策细则、附加政策五部分。应涵盖但不局限于以下内容：

1. 引言

该图书馆馆藏发展政策的适用范围、编制目的和编制责任。

2. 总论

(1)图书馆的使命与职责；

(2)图书馆的服务对象群体及读者文献需求；

(3)图书馆文献采选相关规定的总体说明，包括文献采选原则、文献采选方式、文献采选标准等；

(4)馆藏基本情况，包括馆藏文献数量和种类等；

(5)图书馆的发展规划及财政预算情况；

(6)该政策所遵循的相关法律法规，包括保障读者利用文献资源的相关权利和尊重知识产权的立场声明。

3. 馆藏发展的责任归属①

(1)馆藏建设的协作责任。阐明该图书馆在图书情报系统以及在地区性、行业性、全国性或者其他图书馆情报系统、共建共享协作体系中的角色和作用。

(2)馆藏建设的团体责任。其中分为图书馆责任、采访部责任、相关部门责任等。

(3)文献采访人员的责任。明确负责文献采选工作的馆长、图书馆文献资源建设委员会、部门主任、采访馆员、学科馆员、馆外专家和读者的责任、权利与义务。

4. 馆藏政策细则

(1)馆藏级别说明。通常有五个级别：完整级、研究级、学习级、基

---

① 高红，朱硕峰，张玮. 世界各国图书馆馆藏发展政策精要[M]. 北京：海洋出版社，2010：10—14.

础级、最低级。

(2)文献选择标准。其中包括载体标准、出版物类型标准、内容学术标准、物理形态标准、技术标准以及语种、国家、出版社等方面的具体要求。

(3)学科采选细则。该部分内容用于界定图书馆收集各个学科、专题文献资源的范围和级别,揭示馆藏文献资源的特征。一般采用陈述方式或根据图书馆分类的纲目方式来描述学科文献资源,需对馆藏各学科资源阐明以下几点:收藏目的,收藏级别,收藏范围,各学科收集文献的文种、时期、地区、文献类型和载体形态等要求,不予采选的主题范围和(或)文献形式,负责采选该领域文献资源的图书馆负责人员等。

(4)特色文献政策。制定详细的关于该馆特色馆藏的采访、利用、保存等方面的政策。

5. 附加政策

附加政策包括解释、说明、补充馆藏发展政策的文件和附加政策。其中可包括馆藏维护制度,评价制度、馆际协作策略等。

三、电子资源馆藏发展政策概述

1. 电子资源馆藏政策的定义

电子资源馆藏发展政策是以书面形式系统规范图书馆电子资源发展、选购、使用、管理和评价的政策性文件①。

2. 编制电子资源馆藏发展政策的目的

虽然传统的馆藏发展标准,如主题、学术层次和目标受众等也适用于大多数电子资源的采选,但电子资源作为特定的载体,资源管理更为复杂,需要针对电子资源及其相关属性补充制定馆藏发展政策。电子资源馆藏发展政策应与传统馆藏发展政策相辅相成,应具备以下

① 戴龙基.文献资源发展政策研究[M].北京:北京大学出版社,2007:19—24.

目的:明确图书馆的使命及读者对电子文献的需求,提出电子文献的发展目标,制定电子文献的选择标准,表明图书馆对许可证协议若干条款的立场,促进电子文献采访工作的规范化与科学化,提升图书馆的电子文献服务。

3. 电子资源馆藏发展政策制定原则

(1)指导性、前瞻性:馆藏发展政策的本质是计划,是一个图书馆馆藏发展的中长期计划;

(2)科学性、合理性:必须有科学依据;

(3)规范性、政策性:必须有政策指导性;

(4)实用性、操作性:必须符合使用需要;

(5)开放性、可持续发展性:馆藏发展政策是一个开放的体系,其内容随着时代发展而不断丰富、更新和补充。

四、电子资源馆藏发展政策的基本内容

电子资源馆藏发展的内容除了需符合馆藏发展政策的要求之外,还应包括以下内容:

1. 电子资源选择标准

(1)电子资源选择标准

• 读者需求

• 学科内容相关度

• 资源级别相关度

• 对现有馆藏结构的支撑和补充能力

• 价格的性价比测算

(2)电子资源运行环境评价:

• 使用的方便程度、系统稳定性

• 平台技术、检索功能

(3)访问方式与获取能力:

• 远程访问/包库(国际远程访问:用户自付通讯流量费;专线访问:商家购买专用线路,用户免付国际流量费)

- 本地镜像(国内、本省/地区、本馆)
- 内网 IP 地址和外网 IP 地址身份认证
- 并发用户限制

(4)资源试用情况统计和用户反馈意见

(5)价格与成本核算评估:

- 价位是否合理
- 优惠和折扣力度
- 年度涨幅

(6)售后服务评价:

- 用户培训
- 使用统计报告的提供
- 技术支持、系统升级、故障恢复能力

2. 电子资源授权许可协议内容

图书馆应从两个方面关注许可协议书的内容:一是实时性客体描述,如价格、访问方式、协议许可期限、内容更新和系统升级、产品名称或清单等;二是对授权使用的定义和相关规定的描述,如授权使用者、使用范围地点的定义,授权使用和限制使用的规定、免责条款规定。

3. 电子资源建设工作流程

电子资源建设的工作流程分为采购前、采购中、采购后三个环节。

(1)采购前应做预算控制,根据图书馆的采选原则和采访条例,广泛调研出版物市场和数据库供应商提供的数据库相关信息,考察和评估数据库检索系统的性能和其他相关配套服务情况,对资源做适当的宣传推广并邀请试用。

(2)采购中应制订采选方案,提交专家评审,进而联系电子资源相关部门进行商务谈判,最终签订合同。

(3)采购后应做结算与付款,进行数据库开通与验收,进行数据库的推广与培训,根据数据库合同约定的期限进行资源的再评估,并根据评估情况决定是否续订。

4. 电子资源管理与组织

该部分包括电子资源的编目、整合、导航、数据更新维护、存档措施、资产管理规定、馆藏保护政策等。

5. 电子资源服务与咨询

该部分包括资源宣传与推广、用户培训与教育、访问认证管理、提供咨询与服务、收集用户反馈信息。

6. 电子资源使用统计与分析、服务效果评估

重视数据的来源和收集方法规范化、数据统计方法的标准化、产生的评估结果规律化。

第二节　电子资源采选原则与方针

一、电子资源采选相关因素

电子资源的采选是一个不断协商、反复论证的过程，需要集体决策和充分调研以做出决策[①]。与印刷型资源相比，它的采购流程较为复杂，涉及技术要求、资源发现、合同和许可以及后续服务等多种因素，在采购的各个阶段都要遵循一定的标准和规范。各馆需从实际情况出发，综合考虑职能与任务、发展目标、馆藏现状、用户需求、区域环境，特别是经费保障等因素，制定协调采访的方针及具体措施。

为确保电子资源采选的连续一致，需要建立一套明细的采选指导方针和流程。具体措施包括：制定电子资源年度采购计划，建立电子资源信息收集与初步评估，注重电子资源试用与用户反馈、电子资源综合评估、电子资源的采购决策、电子资源的商务谈判等内容[②]。

---

① 齐东峰. 浅谈电子资源采选的原则与方法——以国家图书馆为例[J]. 四川图书馆学报,2011(6)184:42—45.

② 张静,张西亚,邵晶. 高校图书馆电子资源经费分配原则及影响预算的因素分析[J]. 现代情报,2008(8):158—160.

1. 制定电子资源年度采购计划

应根据馆藏资源建设方针和年度经费预算，制定电子资源的年度采购计划；同时，从图书馆整体功能出发，按资源入藏范围、数量、水平，将各类型的电子资源划分为不同级别，并根据各级别应达到的收藏目标，有计划地采选。

2. 进行电子资源信息收集与初步评估

应根据图书馆资源建设规划搜集所有符合电子资源采选原则的数据库产品，综合考察和评估数据库的性能和其他相关配套服务情况。初步评估的指标包括：数据容量、学科性质、覆盖年限、更新频率、标引深度、出版商与数据库商声誉等。

3. 注重电子资源试用与用户反馈

电子资源试用是采购流程中必不可少的环节。应向馆员和用户宣传试用资源，有针对性地组织重点电子资源和专业数据库的试用培训。将试用阶段的使用统计数据、用户反馈作为电子资源采购的重要参考。

4. 电子资源的综合评估

采访馆员应对已试用结束的资源进行分析评估，形成电子资源综合评估报告，其中包括四个部分：资源内容、平台功能、资源提供商的服务和试用情况。

5. 电子资源的采购决策和续订

图书馆决策层依据采访馆员的综合评估报告，广泛征求多方专家意见，最终做出是否订购电子资源的决策。

6. 电子资源的商务谈判及各种后续工作

采购决策制定后应与供应商进行商务谈判，商务谈判将就采购方案的价格及商务条款做进一步商榷，并就相应条款签订确认函，后续工作包含：合同签署、费用支付、资源验收、使用推广、采后评估等，以维护图书馆的利益和合同条款的正常履行。

在长期使用过程中，采访馆员应对正式采购数据库的使用情况进行跟踪，及时了解资源使用的效果汇集反馈信息，做出是否续订的决策。

电子资源的采选对于构建可持续发展的馆藏体系，特别是电子馆藏体系具有非常重要的意义。电子资源的采选工作须有章可循，否则可能造成采选的资源与图书馆定位不符，资源体系不完整，资源利用率低甚至无人用，造成资源浪费等问题。因此，在实际工作中要有一套行之有效的采选原则和方法。

二、电子资源采选基本原则

电子资源的采选应在遵循本馆资源建设总体目标的前提下，以用户需求和成本效益原则为基础，将资源利用率和用户信息反馈作为重要依据，在保持传统文献资源建设的同时，运用各种评估手段对电子资源进行细致的甄选。其原则可以归纳为权威性原则、适用性原则、经济性原则、系统性原则、协调性原则。

1. 权威性原则

在采选电子资源时，应从资源的内容、平台功能、供应商实力等各方面考察其产品价值和质量。

权威性原则首先体现在资源内容的选择上，所采选的电子资源应具备较高的学术价值和收藏价值。其中，综合类电子资源要选择平台功能健全、学科覆盖面广的数据库；专业性电子资源则考虑其在专业领域内的权威性以及学术价值。在此基础上考虑供应商的实力和权威性，这关系到他们能提供的技术支持和客户支持服务的范围。

2. 适用性原则

适用性原则，又称作价值需求原则或实用性原则。就电子资源采选而言，主要是指图书馆所采选的电子资源要符合馆藏发展政策、适合图书馆的使命要求、适合图书馆的用户需求。电子资源的采选过程是电子资源与馆藏发展政策相匹配的过程，需要定期调整，不断充实和完善。

采访电子资源时应考虑电子出版物的非人工可读性及对软硬件环境的依赖性，考虑与本馆计算机系统是否匹配。适用性还体现在该图书馆的服务对象上。比如国家图书馆担负着为中央领导机关和国家重点科研、生产服务的任务,同时还要成为各级各类信息服务机构信息资源的最终保障,因此在电子资源的采选上要综合考虑各种类型、各个语种的资源;地方各级公共图书馆,应该结合当地经济、文化、科学发展等情况进行特色资源建设;高校和科研机构的图书馆,应主要为本校的教学和科研服务,形成本校的专业特色资源体系。

3. 经济性原则

经济性原则是指合理利用有限的人力、物力、财力资源,达到馆藏电子资源体系效益最大化的目的。

采访馆员在经济性原则的指导下,要做好采访经费的分配计划,对已购资源的价格及涨幅进行统计。其次,做好使用统计分析,以此为依据来剔除使用量低、成本高的租赁型资源。最后,在网络环境及馆际共建共享的条件下,根据协调性原则适当调整采购方针。

4. 系统性原则

系统性原则是指电子资源馆藏内容和形式结构上的完整性与电子资源采购计划的系统性。应在馆藏经费预算范围内综合考虑电子馆藏结构来确定各种电子出版物的取舍以及采购比例,如学科主题、文献类型、文种、时间等馆藏构成。同时还要注重特色专题资源采集的系统性和全面性。

5. 协调性原则

协调性原则,又称互补性原则,指外购电子资源在建设过程中应注重工作协调与文献互补,包括馆际协调、馆内协调、文献载体形式之间的协调、文献语种协调、采选途径协调。

其中,馆际协调指在立足本馆采购的同时积极收集成员馆、合作馆的采购信息,避免重复购置,以降低成本,实现资源共享。图书馆内各部门之间的采访工作也要相互协调,电子资源的采访涉及资源评估、商务谈判、合同归档、资源发布、读者服务、资源整合、使用统计分析等多个环节,每个环节之间要做到相互协调才能够保证图书馆的正常运转。对于有多种采选途径的图书馆,外购电子资源还需与交换、呈缴、受赠、托管等各种资源进行协调。同时电子资源与传统印刷型文献的采访工作也需注意协调互补，以免造成资源浪费或采选盲区。

三、电子资源采选标准

电子资源采选标准涉及电子资源的内容、技术要求、功能性和可靠性、供应商支持、供应、授权、续订等方面①。

1. 内容

首先，电子资源应满足纸本资源同样的政策和标准进行审查和评估。通常情况下，这类标准会要求该资源：

(1)支持本机构的主要研究目标和使命；

(2)补充或拓展学科范围内现有馆藏的深度和广度；

(3)满足所有/部分受众的需求；

(4)有质量保证，如经由同行评审刊的数量、核心期刊数量、ISI 收录期刊数量、电子资源提供商的权威性；

(5)产生可接受水平的使用量。

在满足以上采选标准的基础上，需要进一步考虑适用于电子资源的其他内容标准，包括：

(6)电子资源与对应的印刷型资源之间的关系；

(7)数据库内容的更新频率；

(8)过刊内容的可访问性；

(9)准确性和及时性，尤其是事实型和数值型资源的精确性。

2. 技术要求

在采选电子资源时，应考虑资源与图书馆现有设备的兼容性，同时要确保电子资源的访问。包括：

① Johnson S, Evensen O G, Gelfand J, et al. Key Issues for e-Resource Collection Development: A Guide for Libraries [EB/OL]. [2015 - 08 - 01]. http://www.ifla.org/files/assets/acquisition-collection-development/publications/key% 20/ssues% 20for% 20E-Resource% 20Collection% 20Development% 20-% 20August% 202012. pdf.

(1)访问方式:如远程访问、独立访问;

(2)授权方式:如 IP 限制、用户名密码方式登录;

(3)兼容性:需确定资源与本地平台、浏览器、内容格式的兼容,是否需要安装专用支持软件而产生额外费用等;

(4)存储和维护:如远程托管、本地存储等。

3. 功能性和可靠性

(1)界面:如系统直观性、导航、帮助和教程等;

(2)查询和检索功能:如截词检索、浏览、检索历史查询、翻译等;

(3)检索结果的排序和分类功能:如按照作者、题名、日期、相关度等的排序功能、分类功能;

(4)导出和下载:资源是否便于打印、电子邮件发送、下载到电子设备等,是否有限制条件或附加费用;

(5)可靠性和可用性:系统性能稳定,响应时间,24/7 访问等;

(6)资源整合性:系统应支持用参考文献及全文链接形成的与其他资源的综合集成,以促进对本地和远程资源的有效发现和传递。

4. 供应商支持

(1)试用评估和产品演示:是否提供试用或产品演示;

(2)用户培训和支持:供应商是否提供初期及后续的培训,包括在使用产品过程中提供相关在线手册等;

(3)技术/客户支持和系统公告程序:供应商应有预先系统公告程序,以有效地管理和沟通计划停机时间及内容、平台的更新和变化;

(4)个性化定制:应考虑供应商提供的产品定制和品牌方案,是否符合该馆的定位;

(5)数据安全和存档:应考虑系统数据备份的频率和存档政策;

(6)提供书目数据:如有需要,供应商应能以图书馆首选的文件格式提供永久网址或符合相应质量标准的书目数据;

(7)统计报告:供应商应按照公认的标准提供高质量的统计分析报告。

5. 供应

(1)采购/定价模式:电子资源的定价模式没有统一标准,其往往是基于用户数量多少和并发用户数量等参数决定。包括以下几种定价模式:

- 内容和获取分开计价模式
- 组合模式:一次性的存档费用和长期内容访问费用的组合
- 按使用量计价模式
- 租赁模式
- 集团采购定价模式
- 印本加电子版计价模式
- 打包计价模式
- 整库计价模式
- 试定价模式
- 长期协议与固定价格上限模式
- 用户驱动的采集定价模式

(2)用户和节点数量:应根据实际用户群的大小而非用户群来确定,这对遴选受众有限的专业资源尤为重要。

(3)回溯、存档和合约终止后的权利:购买或租赁电子数据应包括提供对该数据的永久访问权。在许可协议终止后,仍应保证该机构对之前订购内容的永久电子访问权。

(4)撤订权:应关注与撤订相关的条款和条约,应避免强加“不可撤订印本”的条款或强加限制于订购数量或罚金的模式。

6. 授权

包括但不局限于:标准协议、协议范本;适用法律;非授权使用的责任;授权用户的认定;授权使用站点的认定;合理使用规定;授权终止;退款;协议期等。

7. 续订

供应商应在续订日期之前至少提前两个月通知图书馆。如续订是集团采购的一部分,集团应在续订之前与各个图书馆单独确认。

第三节　主要图书馆馆藏发展政策概述

一、中国国家图书馆的电子资源馆藏发展政策

1. 中国国家图书馆电子资源馆藏发展政策的起源与发展

中国国家图书馆作为一个综合性、研究型图书馆，在电子资源建设方面，首先必须履行作为国家总书库、全国书目中心、图书馆信息网络中心等职能，并履行建立外文文献资源保障体系的协作和协调职能[①]。中国国家图书馆馆藏发展政策的主要依据是《国家图书馆文献采选条例》（以下简称《条例》），其对国家图书馆的馆藏结构、藏书政策做了宏观的论述，总原则强调了“中文求全，外文求精；国内出版物求全，国外出版物求精；多品种，少复本”的馆藏发展政策。随着新型载体文献的大量涌现，1996 年修订的《条例》首次涉及电子出版物的采选，但所涉及的电子出版物仅局限于实体资源，即光盘、磁盘等存储介质的电子出版物。2003 年，随着国家图书馆服务对象范围的扩大和读者需求的日趋多样化，为了衡量电子资源与传统资源协调发展的问题，国家图书馆修订了《条例》，重新定义了电子资源的采选范围和采选原则，并将网络文献补充到馆藏电子资源发展规划之中，同时规定了电子出版物（实体）和网络文献的定义和采选原则[②]。

2. 电子资源馆藏发展的原则

（1）电子出版物的定义与采访原则

电子出版物（实体）以数字代码方式将图文声像等信息存储在磁、光、电介质上，通过计算机或具有类似功能的设备读取使用的文献，其载体包括软磁盘、光盘、集成电路卡等。其采选基本原则是：

---

① 摘自《国家图书馆文献采选条例》。

② 朱硕峰，宋仁霞. 外文文献信息资源采访工作手册［M］. 北京：国家图书馆出版社，2014：221—241.

•国内电子出版物根据国家有关规定，全部接收呈缴本；

•国外正式出版的电子出版物则参照国外印刷型文献的采选原则并结合已形成的馆藏特色适当采选；

•综合考虑电子出版物的内容质量、制作质量、存取质量、潜在利用价值、设备配套等；

•重点采选重要的工具书类数据库；

•注意与印刷型文献、视听文献、缩微文献的协调互补。

(2)网络文献的定义与采访原则

网络文献指通过计算机网络发布、传递和存储的文献，也称网络信息资源，包括网络出版物和各种网络信息。其采选原则为：

①国内域名的、馆藏范围内直接在网络上出版的电子图书、电子期刊、电子报纸以及各类书目、全文数据库等全面采选；

②国外域名的，重点采选国外中文网络文献和有关中国的外文网络文献，具有学术性、资料性与参与性的适当采选；

③注意与印刷型文献、特藏专藏文献、视听文献、缩微文献、电子出版物的协调互补，若其他版本的相应文献缺藏则重点补藏；

④关系我国政治、经济、文化、科技、教育、体育等方面的重大事件和重大国际问题，可作为重点专题采选；

⑤应注重对出版内容、网站优劣、操作使用等方面进行综合考查，并注意开展对信息源和其发布、查询、利用技术等方面的系统调查研究。

3. 电子资源采访原则的修订

2012版《国家图书馆文献采选条例》针对电子资源的采选范围和采选原则作了进一步修订，其中电子资源(数据库)的采选原则规定如下：

对于市场已有的质量较高、影响较好的数据库，应综合考虑数据库内容质量、知识产权状态、制作质量、存取质量、潜在利用价值、设备配套、平台功能、开放与整合等方面因素。

(1)在内容选择上，注重与馆藏其他类型文献的协调互补，重点采选国内外具有一定价值的中文数据库、有关中国的外文数据库、我国重点发展的支柱产业所需文献的外文数据库和学术价值较高的外文数据库。

(2)在类型选择上,重点采选收录范围广或在某学科领域具有一定权威性的工具型或学术型数据库。除国外著名的二次文献外,尽可能采选全文数据库。

(3)在版本选择上,尽可能选择多用户的网络版和可将数据装载于本地的镜像版。

(4)在语种选择上,侧重中文和英文数据库,其他语种适当采选。

(5)在采购方式上,应充分利用多载体采购的价格优势。

对于新型数据库的采购,应在遵循文献采选总原则的基础上,注重与已有数据库资源及管理平台的兼容整合,根据需求适当采选。

二、美国国会图书馆的电子资源馆藏发展政策

1. 美国国会图书馆电子资源馆藏发展政策的起源与发展

美国国会图书馆不仅是美国国会的图书馆,也是服务于美国人民的图书馆,其馆藏发展的理念源于杰斐逊派,即“所有学科都可能会对国会、学者和研究人员有价值”。《美国国会图书馆 2011—2016 战略规划》[①]中指出,美国国会图书馆的使命是满足美国国会和美国政府、公众获取和使用其馆藏资源的需要,并为子孙后代维护和保存人类知识与创新成果。美国国会图书馆的主要任务包括:在可持续发展的基础上向美国国会提供知识和创新服务;服务于美国国会的信息需要,最广泛地收集、管理、保存、保护关于美国历史和知识创新的馆藏;使馆藏最大限度地为国会、政府和公众使用;体现对国民福祉和未来发展的重要性。

---

① Library of Congress Strategic Plan Fiscal Years 2011 – 2016[EB/OL].[2015 – 08 – 01]. http://lcweb2. loc. gov/master/libn/about/documents/strategicplan2011-2016. pdf.

美国国会图书馆传统的职能是采集、编目、保存并向国会和公众提供具有重要历史意义的文献，如今这一职能已经扩大到电子资源（包括网页）。美国国会图书馆馆藏发展政策的主要依据是2008年最新修订的《美国国会图书馆馆藏发展政策》，对美国国会图书馆的馆藏发展目标、各学科采访原则做了详细的论述，其总原则是：

- 为美国国会和联邦政府工作人员履行职责提供必要的文献保障；
- 收藏记录美国人民生活和成就的所有文献（包括原版或影印版）；
- 收藏美国人民关心的有关其他社会的具有代表性的文献。

随着电子资源的海量增加，美国国会图书馆为履行自身的历史使命，必须在这个新的资源体系中确定资源的采集范围。2008年修订的《美国国会图书馆馆藏发展政策补充条例》中的《电子馆藏发展战略》①规定了其电子资源（数据库）采选的相关规定。

2. 电子资源馆藏发展的原则

（1）电子资源的定义与采访原则

美国国会图书馆的数字及电子资源馆藏发展起源于20世纪90年代，美国国会图书馆开始在线提供馆藏文献的数字化版本，在互联网上提供资源丰富的、高品质的馆藏资源实体，为面向华盛顿地区以外的用户提供文献服务。目前，美国国会图书馆的数字馆藏包括版画、图片、音像及其他数字化资料等在线资源，其中特色数字馆藏主要有美国文史、历史报纸、国际藏书、立法信息、老兵回忆、网络档案等。

美国国会图书馆所收藏的电子资源应该包括但不局限于网站资源、在线数据库、电子期刊、电子图书、电子报纸、电子集成平台资源以及任何通过计算机设备读取的实体电子资源（如磁盘、光盘等）。无论

① Library of Congress Collections policy statements supplementary guidelines [EB/OL]. [2015-08-01]. http://www.loc.gov/acq/devpol/electronicresources.pdf.

是需要采购还是免费的电子资源,只要能够对支持学科主题的研究需求便予以收藏。

电子资源的采选除了要符合其他载体形态文献资源采选标准,还要注重反映当代社会的需要,为当代社会的主流文化、政治等问题提供佐证。美国国会图书馆采集电子资源的总则如下:

- 是否符合今后美国国会和美国研究人员的信息需要;
- 电子资源供应商的权威性;
- 电子资源的特殊性;
- 学术价值;
- 是否仅以电子资源的形式存在;
- 可能消失或被移除的电子资源;
- 易逝资源(如灰色文献或地下文献)。

同时,在采选电子资源时还应考虑以下细则:

- 可访问性:

  —服务器的可靠性;

  —如有注册要求需要辅以隐私声明;

  —如需要,需安装链接源的插件。

- 用户界面和搜索引擎的易操作性:

  —页面有组织,方便导航;

  —设有网站帮助功能和网站导航;

  —充分发挥作用的设计元素;

  —互动功能,方便用户使用。

- 技术标准性

付费电子资源应符合技术标准,适用于计算机设备。

- 永久保存

电子资源一经美国国会图书馆采选,将具有长期研究价值,如有需要将进行永久保管,保管内容涉及相关书目、元数据等。美国国会图书馆通过与有信誉的数据库商签订合同来确保电子资源的访问与获取。其中,以下几类电子资源给予优先保存:

• 美国国会图书馆自建的电子资源。这些资源不存在其他版本，比如美国记忆项目、网页归档项目、世界门户项目等；

• 不存在其他版本的电子资源；

• 不再为美国国会图书馆所收藏的纸本书的电子版；

• 具有附加效益的电子资源；

• 由美国国会图书馆电子化的资源；

• 由美国国会图书馆采集的特殊的电子资源；

• 电脑程序。美国国会图书馆收藏具有代表性的软件来记录信息技术的发展历史，提供这些软件的副本和远程访问权限。

• 电子资源馆藏来源

美国国会图书馆电子资源的建设有以下几种方式：采购、接受捐赠、交换、法定呈缴、自建、互联网免费资源等。其中关于法定呈缴，美国版权法规定呈缴的电子资源主要有数据库、计算机程序、机读数据文件、光盘产品、在线作品等。

2. 网页资源的采访原则

网页的采集依据馆藏政策声明及其细则执行。采访人员负责推荐采选网页的学科、语种和地理区域并获得许可。图书馆在文献采访时，须考虑价格因素及采选、编目、借阅、存储及保存方面的需求因素，而且随着网站技术的不断发展，需要新的工具进行准确的网页内容抓取。美国国会图书馆按照下列标准选择网站资源作为永久馆藏：

• 是否有利于满足当前或未来美国国会和研究人员的信息需求；

• 是否提供独一无二的信息；

• 是否具有学术价值；

• 是否存在丢失的风险；

• 是否符合信息流通的需要。

三、韩国国立中央图书馆的电子资源馆藏发展政策

1. 韩国国立中央图书馆电子馆藏发展政策的起源与发展

韩国国立中央图书馆是韩国文献的总书库，负责全面且系统地收

藏韩国文化遗产和当代知识产物的文献。同时，其又是韩国出版物的法定缴送馆，负责收集、保存韩国的精神文明成果、智力成果和文化遗产，并负责建立在线、数字图书馆①。韩国国立中央图书馆馆藏发展政策的主要依据是1994年韩国制定的《图书馆与读书振兴法》，其中详细规定了国立中央图书馆的主要职能及业务规范。在信息技术环境下，为扩大国家图书馆的收藏范围，韩国国立中央图书馆制定了《国立中央图书馆藏书开发政策》，对其电子资源的采选作了相关规定。

2. 电子资源馆藏发展的原则

韩国国立中央图书馆电子资源馆藏发展的原则是：优先对本馆收藏的文献进行数字化加工，其次是购买书目数据库和专题数据库，其收藏重点是有价值的灰色文献。但是，由于近年来电子出版物快速增加，使得电子出版物的全面保存难以实现。因此，该馆以优先采选为原则收集电子出版物。其具体顺序如下：

- 传统印刷品（图书、期刊、手册、报告等）的电子版；
- 原生电子资源；
- 交互性数据库；
- 网页数字资源；
- 电子留言板、论坛信息；
- 计算机软件；
- 多媒体等。

（1）电子资源的采选标准

韩国国立中央图书馆电子出版物的采选标准如下：

- 首选以韩国为研究对象的电子资源，其中包括国内、国外出版的资料；
- 首次出版的电子资源；
- 以电子形态为第一发行方式的电子资源；

---

① Collection Development Policy[EB/OL].[2015-08-01]. http://www.nl.go.kr/english/c3/page1.jsp.

• 有利于补充本馆馆藏的非原创性电子资源。采选顺序如下：首选未发行印刷资料的数字化出版物，其次是已在社会上流通的印刷资料的数字化电子版；

• 根据电子出版物的内容和形式进行采选。采选顺序如下：优先采选国家正式出版物（如法令、政策报告书、统计资料等），其次是地方团体出版物、专题参考资料（如图书目录、辞典、年鉴、地图资料等），最后是人文社科领域的重要资料等；

• 采选动态电子资源时，应考虑产品升级前后的变化情况；

• 采选多种形式发行的电子资源时，应考虑标准格式的电子资源；

• 采选视频资料时，应选择数字化视频资料。

(2)电子资源的采选途径

• 电子资源的缴送。韩国《图书馆法》第十七条规定了电子出版物的缴送制度。根据该法，韩国国立中央图书馆制定了纸本电子化出版物、非在线电子资源和在线电子资源的缴送及收藏方针；

• 购买和集团采购。其中集团采购针对专题数据库和外文数据库；

• 链接方式收藏。针对网页电子资源、开放获取期刊、灰色文献等；

• 数据库建设。韩国国立中央图书馆建立了题名数据库、全文数据库等。

(3)海外电子资源收藏政策

韩国国立中央图书馆海外电子资源收集主要有三部分：离线封装的实体电子资源、基于网络的在线电子资源、网站资源。收集内容主要包括国家的商业书目、国家书目、书目数据库、事实数据库以及电子期刊等。对于网站资源，主要收集各国的灰色文献，机构知识库，学术研究机构、社团、协会的各种学术信息，行政或公共机构的统计数据、研究数据、法律数据、地图资源、政策文件等。

四、澳大利亚国家图书馆的电子资源馆藏发展政策

1. 澳大利亚国家图书馆电子馆藏发展政策的起源与发展

澳大利亚国家图书馆的馆藏发展政策分为澳大利亚资源馆藏发展政策和亚太及海外资源馆藏发展政策两部分①。

澳大利亚国家图书馆建立于1901年，前身是英联邦议会图书馆。1960年的《澳大利亚国家图书馆法》规定其任务是建立一个集全国性资源，包括澳大利亚和澳大利亚人民资料的全面集合。收藏范围包括图书、期刊、网站、地图、乐谱、图片、手稿以及口述历史记录。馆藏的主要类型为印刷型资源，同时辅以大量的缩微文献和不断增加的数字资源。

2. 澳大利亚电子资源馆藏发展政策②

(1)电子资源的定义

主要包括：物理形式的电子资源包括以物理形式为载体的资源，例如视频光盘、DVD和VCD；在线电子资源包括可以通过互联网获取的资源，例如直接在线上产生的资源(如网站、电子期刊、数据库)，以及纸本资源的电子版；其他形式的电子资源如数字图像、电子邮件、录音记录等。

(2)馆藏发展原则

物理形式的电子资源：图书馆通过与出版商、作者进行协商以获取自愿呈缴的资源或购买电子资源。不同于在线电子资源，这部分电子资源除了少年儿童读物和课堂学习材料要求全面收集，重点收藏关于澳大利亚主题、有深度研究的出版物。如果某种资源同时存在印刷型资源和物理形式的电子版，则收藏印刷型资源。

---

① Collection development policy 2016[EB/OL]. [2015-08-01]. http://www.nla.gov.au/policy-and-planning/collection-development-policy.

② Collection development policy - Australian collecting[EB/OL]. [2015-08-01]. http://www.nla.gov.au/content/collection-development-policy-australian-collecting.

在线电子资源：图书馆通过“PANDORA 网络档案项目”与各州、各地区图书馆、国家电影和声音资料馆、澳大利亚战争纪念馆、澳大利亚土著居民和托雷斯海峡岛民研究所协同采集并保存澳大利亚在线资源。各参与机构根据各自的采选指南对相应在线资源进行收藏。经过出版商的许可，参与机构对在线资源进行复制并保存副本。

其中澳大利亚国家图书馆根据《澳大利亚国家图书馆线上澳大利亚出版物采选原则》进行在线资源的收藏。主要收藏由澳大利亚人创作的有关社会、政治、文化、科学、经济或与澳大利亚相关内容的在线电子资源。如果馆藏中有相对应的印刷型资源，通常不再收集其对应的电子版本。

澳大利亚国家图书馆优先收藏英联邦政府及澳大利亚首都特区政府的在线出版物。该优先权同样适用于网络会议议程和电子期刊。

其他类型的电子资源：主要包括博客、宣传类网站、机构网站和自主出版的资源。除了 PANDORA 网络档案，澳大利亚国家图书馆还订阅一定数量的有关澳大利亚内容的商业在线数据库。

除此之外，澳大利亚国家图书馆积极探索纸本资源数字化，根据《澳大利亚国家图书馆数字化政策》着力制作馆藏澳大利亚图片、地图、乐谱、口述历史、民俗录音、部分手稿和报纸的电子版本。

3. 亚太及海外资源馆藏发展政策①

澳大利亚国家图书馆的海外资源馆藏占印刷型资源馆藏数量的一半。《澳大利亚国家图书馆 2012—2014 战略方向》重申了图书馆将继续“使澳大利亚人民通过馆藏亚太资源加深对澳大利亚及其全球影响力的理解”的任务。在 2013 年修订的《亚太及海外资源馆藏发展政策》中反映了澳大利亚国家图书馆的馆藏发展优先顺序，其主要原则是以发展数字版本资源为主，纸本资源为辅。

① Overseas, Asian and Pacific collecting[EB/OL]. [2015-08-01]. http://www.nla.gov.au/content/overseas-asian-and-pacific-collecting-policy.

(1)馆藏内容

亚太地区馆藏主要包括东亚、南亚、东南亚和太平洋地区的国家，海外国家主要包括美国、英国和欧洲。该部分馆藏包括已出版的海外各种类型的资源，如地图、报纸、官方出版物、统计资料、参考书、选举资料、绘画作品、音乐、个人自叙、宣传页和网站等诸多利于研究的资料，优先收藏电子版资源。

澳大利亚国家图书馆收藏海外出版的有关澳大利亚内容的及其海外属地相关内容的资源，包括海外出版物、有澳大利亚人在海外出版或翻译的出版物、澳大利亚作家撰写的非英语作品。

(2)馆藏发展原则

海外及亚太馆藏的核心内容包括专著、地图、期刊和报纸的印刷形式、缩微形式和电子版，同时也包括一些亚洲国家的部分多媒体资源、绘画作品、宣传页和网站。资源的收集、采购、捐赠都遵循《海外馆藏发展政策》的相关规定。

电子书和专题电子资源采访原则：澳大利亚国家图书馆主要采取书商代理的形式采购电子书，并在相应的许可下，在图书馆系统中对一些内容进行存档。澳大利亚的注册图书馆用户都可以远程访问馆藏电子书，并在图书馆的许可下进行下载。在获取电子书内容时，遵循 EPUB 开放标准。收集网上的免费电子书应获得相应出版商和版权人的许可。

电子期刊采访原则：澳大利亚国家图书馆优先采选电子形式的期刊，凡是同时存在纸本和电子版期刊的情况，都优先采选电子版，通过单独订阅或购买书商打包数据库的形式进行购买，避免不同数据库之间期刊种类的重复。通常情况下，只有在没有电子版的情况下才予以采购纸本期刊，或是由于该期刊所属科类为馆藏重点，如与澳大利亚或亚太地区相关的主题。图书馆不承诺提供永久访问电子期刊内容的权限。

报纸采访原则：澳大利亚国家图书馆采选电子形式的报纸，在多种资源类型同时存在的情况下，依照电子版、缩微形式、纸本的顺序优先采购。如果该报纸所属科类为馆藏重点，如亚太地区的报纸，可考虑采选其纸本资源。电子报纸分为两大类别，一部分是提供时事新闻的世界报纸，用于即时阅读而不做研究类资料予以收藏，另一部分是用于作为一手研究资料的海外报纸，多来自于亚太地区或关于特殊历史时期及研究课题的内容。

网站资源采访原则：澳大利亚国家图书馆收集一小部分的网站资源，主要集中于研究课题如亚太相关主题。该部分资源可以通过第三方或图书馆系统进行归档。

古籍文献馆藏原则：澳大利亚图书馆收藏不具备电子形式的具有较高研究价值的古籍文献。

五、日本国立国会图书馆的电子资源馆藏发展政策

1. 日本国立国会图书馆电子馆藏发展政策的起源与发展

日本国立国会图书馆隶属于日本国会，是以日本国会议员、行政司法机关以及日本国民为服务对象的图书馆，以协助国会议员履行职责为首要任务；同时，作为日本的国家图书馆兼有为行政、司法机关以及国民提供服务的职能。日本国立国会图书馆馆藏发展政策的主要依据是《国会图书馆法》，该法为国立国会图书馆的建立、相关业务和图书馆的发展提供了整体框架。

进入20世纪90年代，随着信息科技的发展，各类电子出版物层出不穷，国立国会图书馆开始收集光盘出版物，收集原则以书目、辞典为主。1995年颁布的《资料收集方针书》明确将电子出版物列入收集范围。进入21世纪，随着网络信息技术的发展和电子政务的推进，2002年，国立国会图书馆开始实施“网络信息资源选择性存档实验项目”，选定一些网站定期对其进行采集和保存。2006年，此项目正式启动，更名为“网络信息资源选择性存档项目”，为网络电子出版物的采集确立了基本方针。

2. 电子资源馆藏发展的原则

(1)电子资源采选范围

20 世纪 90 年代,依据"关于收集、利用国内发行光盘的试行规定",国立国会图书馆明确将电子出版物列出收集范围,主要包括:

- 电子出版物呈缴
- 网络电子出版呈缴
- 数字化的文献

(2)电子资源发展途径

• 电子出版物呈缴。日本较早出台了关于电子资源缴送的研究和实施策略,1999 年提交了"展望 21 世纪日本缴送制度的理想状态:以电子出版物为主"的报告,此报告将实体电子资源纳入了缴送范围。

• 网络电子出版物的搜集。将收集对象限定为国际行政机构、地方政府、独立行政法人、高校、各类学校、公共利益集团等公共机构网站登载的信息。

(3)电子资源建设与数字图书馆工程

日本国会图书馆电子资源的建设与数字图书馆的发展进程密不可分。其于 2004 年制定了"电子图书馆中期计划",提出了日本国会图书馆的数字图书馆规划,其中包括:

• 创建数字档案。对馆藏图书进行数字化加工,收集网上信息资源,提供用于访问和保存的元数据;

• 完善与数字档案相关的功能。完善检索界面,充实信息资源检索途径,如检索点、参考咨询途径等,定期举办电子资源展览;

• 数字档案门户。提供在线信息检索导航,构建"日本数字档案门户"网站。

六、哥伦比亚大学图书馆电子资源馆藏发展政策

1. 哥伦比亚大学图书馆电子馆藏发展政策的起源与发展

哥伦比亚大学图书馆的馆藏源于 1754 年落成的纽约国王学院图书馆,其中约瑟夫 · 墨里法律图书馆为其提供了 1200 册图书,1896 年

正式更名为哥伦比亚大学图书馆。目前，哥伦比亚大学图书馆馆藏超过 1300 万册，期刊、连续出版物 16 万余种，还有丰富的电子资源、手稿、古籍、缩微胶片、地图及影像资料等。该图书馆还提供广泛的信息数据资源，包括多媒体和基于计算机的服务。哥伦比亚大学数字图书馆的信息资源馆藏发展目标是满足哥伦比亚大学课程和研究需要，利用多种多样的资源为不同用户提供各种各样的资料。与多数高校图书馆一样，哥伦比亚大学图书馆没有足够的资金来获取与大学课程及研究计划相关的所有资源，因此需根据一般采选方针以及资源的类型、资源的可获取性、馆藏发展政策中规定的收藏级别和主题等特定标准来决定增加或剔除馆藏。哥伦比亚大学图书馆馆藏发展声明的采选政策主要以学科来划分，其中以关于东亚的西方语种文献、中国研究、西藏研究、商业经济以及口述史等为特色学科。该馆的电子资源馆藏发展目标是满足哥伦比亚大学课程和研究需要。

(二)电子资源采访政策

总体而言，哥伦比亚大学图书馆电子资源的收藏级别是研究级，由该校数字图书馆和电子文本服务中心进行电子资源的采购。

1. 数字图书馆采访政策

该馆的电子资源一般采选原则为：

(1)存取介质。哥伦比亚大学图书馆选择利用远程网络或单机工作站获取电子资源。

(2)存档。哥伦比亚大学图书馆与其他教学、研究机构一起承担数字资源的长期保存问题，并为哥伦比亚大学的数字资源提供专门的保存和维护服务。

(3)联合采购。图书馆参与东北研究图书馆协会和纽约联营的联合采购，以利用大宗购买协议的优势。

(4)协调和宣传。哥伦比亚大学图书馆为每个网络资源设立了网络资源协调员，负责促进每个新工具的使用，开展图书馆员和用户培训，并就相关问题与供应商和发行商进行沟通。

(5)数字转换。哥伦比亚大学图书馆在获取版权支持的前提下对馆藏纸本资源进行电子化。

(6)载体类型。广泛选择索引、文摘、新目录等参考工具及全文电子期刊,选择性地收藏杂志。

(7)复本。通常只购买使用率高的文献复本。

(8)电子期刊整合。哥伦比亚大学图书馆支持使用受控词汇和关键词检索电子期刊全文内容的主题界面。

(9)电子资源采选标准。电子资源的采选与印刷型文献的采选一样需要与用户需求匹配,综合考虑范围、内容、深度、质量和价格等诸多因素,同时还要保证图书馆能够提供存取。

(10)资金使用。电子资源的采购有独立的预算,整合的电子期刊使用专项电子资源资金,单个电子期刊的订购则使用期刊资金。

(11)语种。所采选的数字化商业信息大部分为英语资源,非商业的网页链接资源不考虑语种类型。

(12)许可协议。许可协议为图书馆提供其所购买内容的永久使用权,允许哥伦比亚大学所有教职员工和学生以及其他用户使用。

2. 电子文本服务中心采访政策

哥伦比亚大学图书馆的电子文本服务中心(ETS)是致力于该馆人文和历史学科电子格式全文本资源收藏和利用的专业部门。ETS积极收藏以下几种类型的资源:

- 单独的电子文本或电子文本集;
- 少量专业书目工具,主要是对研究有价值的书目;
- 可用于建立 ETS 馆藏文本和个人制作电子文本的多种文本分析软件包。

第四节　电子资源经费预算与分配方案

文献经费预算是指图书馆运行预算中用于购买图书、连续出版物、电子资源、多媒体资源等其用户所使用的文献资源所占费用,不包括人员工资、购置设备、耗材、业务办公用品和维修的开支。文献经费分配是图书馆对于购置文献资源的各种经费按一定标准或规定进行划分和使用。文献经费预算与分配方案,是以图书馆馆藏发展政策为基本依据,对未来一定时期内(通常以财政年度为单位)各类文献资源采购经费的预算与分配计划①。

一、文献经费预算与分配方案的编制目的

(1)为图书馆管理人员、采访人员等阐明文献经费与分配的原则、程序以及影响文献经费预算与分配的各种要素,为管理人员、采访馆员等制定文献经费预算与分配方案提供理论依据;

(2)建立文献经费预算与分配过程的规范管理机制;

(3)为科学、规范、合理地利用图书馆有限的文献经费提供依据;

(4)作为文献经费预算与分配工作人员的参考与培训手册。

二、经费预算与分配方案编制的指导原则

(1)以所在图书馆的馆藏资源发展政策为指导,以所在图书馆文献经费的来源、组成和具体使用规定为前提;

(2)根据图书馆实际情况,选择适当的文献经费预算与分配方法;

(3)有利于规范图书馆间馆际交流与协作;

(4)定期对方案进行修订,以适应新的信息环境和技术环境,及时反映图书馆所服务的读者需求、馆藏学科发展、馆藏特色以及馆藏建设重点等方面的变化;

(5)有利于管理部门对文献经费预算与分配工作的指导、监督和管理。

---

① 戴龙基. 文献资源发展政策研究[M]. 北京:北京大学出版社,2007:19—24.

三、文献经费预算与分配方案的基本内容

1. 文献经费预算与分配的指导性原则

(1)重点优先原则:经费的预算与分配必须与图书馆的馆藏发展目标相一致。

(2)合理分布原则:应兼顾文献资源学科分布的均衡性。既要考虑学科的全面性又要照顾学科的重点和深度,多品种少副本,加强经费使用的效率。

(3)满足需求原则:依据图书馆的性质、任务及所服务对象的文献需求来进行文献经费的预算与分配。

(4)互补性原则:注重各类型资源在整个馆藏发展体系中的协调,使印刷型资源、电子资源的采选遵循一定的比例。

(5)高流通率原则:根据用户的借阅记录,分析出流通率高的文献资源,根据文献资源所属学科、主题门类和文献类型在经费的划分上予以保证。

2. 文献经费预算与分配的要素

(1)图书馆因素:

- 馆藏资源发展政策;
- 馆藏结构;
- 馆舍分布;
- 采访流程;
- 采访人员的综合素质;
- 馆藏流通率。

(2)读者因素:

- 读者类型;
- 读者数量;
- 读者的知识结构。

(3)文献因素:

- 文献的载体形式;

• 文献学科门类、学科水平级别、文种、文献加工级别等；

• 文献的价格及装帧形式，指不同学科的文献，不同装帧形式的文献价格差异；

• 文献的使用价值，指文献潜在的使用率（根据已有的流通量判断）与馆藏发展体系、馆藏发展规划目标之间的关系。

（4）采购模式：

• 捆绑式销售；

• 联盟式销售；

• 打包式销售。

（5）社会、政治、经济因素：

• 某种政治目的的特殊需要；

• 外汇汇率、税制改革。

3. 文献经费构成

（1）根据经费的来源分为：

• 正常经费；

• 专项经费：包括用于购买某种特殊文献资源的经费等；

• 配套经费；

• 捐赠经费；

• 其他经费。

（2）根据经费的用途分为：

• 图书经费；

• 报刊经费；

• 电子资源经费；

• 文献资源建设延伸服务所需经费（例如：馆际互借和文献传递补贴等）；

• 其他经费。

4. 文献经费使用方式及经费分配比例构成

（1）使用方式：

图书馆的文献经费使用方式已经从单纯的购买方式转变为购买、

租赁、联网检索等相结合的方式。

(2)图书馆文献经费分配比例:

- 图书与报刊经费比例;
- 中外文图书报刊经费比例;
- 图书、报刊、电子资源经费比例;
- 文献资源建设延伸服务所需经费(例如:馆际互借和文献传递补贴等)比例;
- 其他经费(国际国内交换费、通过复印等方式补充图书费、装订费、运输费等)比例。

5. 文献经费预算与分配的方法

图书馆文献经费与分配的方法主要有以下四种:

(1)历史经验法。根据以往的实践经验和历史统计数据,以及文献资源价格年增长幅度等,对本年度的文献经费进行估算,并按一定的比例进行分配。这是现阶段我国图书馆所普遍采用的文献经费与分配方法。

(2)模型分配法。实际工作中,多数图书馆在经费分配上仅凭经验或历史惯性,具有很大的随意性。建立科学合理的经费分配模型对经费分配进行量化可以合理有效地分配有限的资金,平衡各学科的需求和发展,充分发挥文献资源建设经费的使用效益。

运用模型的方法是在明确文献载体类型的前提下,基于学科种类的经费分配。基本思路是找出衡量一个学科的影响因素,并确定各因素的权重,据此计算出各学科在总学科中所占的比重,以此确定各学科所占总经费的份额。

(3)综合平衡法。图书馆是一个“生长着的有机体”,在其发展过程中,肯定会遇到新的情况,需要图书馆在进行文献资源经费预算与分配时,拿出一部分预留资金。在实际工作中,利用图书馆预留资金综合平衡文献经费的使用,应注意公开的原则,对这一部分资金的使用,要有切实的根据,并对之做出具有说服力的说明。

(4)综合模式。也就是“原则 + 模型 + 综合平衡”的模式。按照这一模式进行经费的预算与分配,在实际工作中的程序是:首先,根据图书馆的实际情况在总经费中拿出一定数额的资金作为预留资金;其次,其余的经费按照图书馆确定的原则,对经费在各种载体类型文献之间进行分配;第三,按照图书馆设计的模型,在各个学科之间进行分配;最后,用图书馆的预留资金进行综合平衡。

四、电子资源经费预算与分配方案的编制应注意的问题

电子资源经费是专门用于购置或租用光盘数据库、网络数据库等以数字形式存在的信息资源的文献资源建设经费,随着电子资源的快速发展,电子资源经费在文献资源建设经费中的比重在逐年增长。据统计,国家图书馆用于购买电子资源的经费从 2001 年全馆文献经费预算的 3.89% 增加到 2015 年的 18%。随着电子资源经费的增加,如何合理的分配经费,科学的编制预算,已经成电子资源管理工作中亟待解决的问题。

1. 电子资源经费分配方式

由于电子资源的引进和续订需要花费大量的经费,电子资源经费预算与分配方案的精确与否会影响到文献资源建设的整体分配情况。由于电子资源购买的特殊性,一个数据库往往涵盖多个学科,因此电子资源预算不能像印刷型资源那样按学科、出版社或语种大致划分,要求采访人员必须认真研究购买方案、熟悉各种数据库的价格模式、充分考虑各种可能影响到预算精确性的因素,在此基础上编制电子资源经费预算与分配方案。

电子资源经费分配要解决的是不同种类的电子资源之间如何配置经费的问题,按照电子资源的不同类型有不同的分配方式:

(1)根据语种分配,例如中文电子资源和西文电子资源的经费配置比例;

(2)根据载体形式分配,例如实体音像及电子资源和网络型数据库配置比例;

(3)根据所有权形式分配,例如买断电子资源和租赁电子资源配

置比例；

（4）根据资源类型分配，如按比例配置文摘数据库、电子期刊、电子书、集成数据库、事实型数据库、参考工具类数据库等。

不同的图书馆可以按照本馆的文献资源发展政策以及电子资源的建设目标，选择不同的经费分配方式。

2. 电子资源经费分配的原则

（1）以馆藏发展政策为依据

馆藏发展政策为各种馆藏资源的经费分配提供了依据，电子资源的经费分配与预算必须以本馆的馆藏发展政策为出发点，对于该馆重点学科应该提高保障度，对不同学科、不同类型、不同深度广度的电子资源做出选择和分配。

（2）以全文型电子资源为主，文摘索引和其他类型为辅，兼顾多语种配置

获得全文文献是用户使用电子资源的最终目的，因此应将全文型电子资源作为经费分配的重点，电子期刊、电子图书、集成全文数据库应占电子资源总经费的较大比重。文摘索引型可以考虑权威性、跨学科的综合性数据库，以满足不同学科的需求。

在电子资源建设中也应注重多语种配置，根据图书馆的读者分布合理配置中西文电子资源的比例。

（3）协调各种类型的馆藏资源，避免重复建设

应在保证核心馆藏、满足读者需求的基础上，科学合理地调整电子资源与纸本资源的订阅比例，以实现不同类型资源的同步协调发展。同时也要避免电子资源内容的交叉重复，必须对各集成数据库内容进行深入的比较与分析。

3. 以网络数据库为主，光盘数据库为补充，优先配置有存档权的电子资源

网络数据库起源于光盘数据库，在数据量、检索方式、访问方式等方面较光盘数据库有明显优势，已经成为电子资源发展的主流形式。

电子资源的存档关系到图书馆对电子资源的拥有权和长期使用

权,是数字资源建设中亟待考虑的问题。虽然目前对存档问题还缺少成熟的解决方案,但是图书馆在同等条件下,应首选提供永久存档权的电子资源。

4. 在综合评估的基础上及时调整和完善经费分配方案

制订电子资源经费分配方案是一项实践性很强的工作,方案制订得合理与否需要实践的检验,图书馆有必要定期对引进的电子资源使用情况、使用成本、读者反馈等方面因素进行综合评估,对于经费分配不合理、效率低的项目及时进行调整,从学科、类型、内容、语种等多个角度不断优化分配方案,以达到经费使用效益的最大化①。

5. 连续性资源经费分配的特殊性

对于期刊、数据库等连续性资源的采访经费分配,要考虑其特殊性。首先,为了保证期刊订购的连续性和完整性,通常不能随意停订期刊品种;其次,由于期刊的价格每年都会随着成本增长,而且外文期刊由于大多是通过具有进出口资质的代理商订购,不同的订购渠道、不同的订购规模、不同的折扣率都会造成期刊价格的不同。采访人员在编制经费预算时,必须考虑这些特殊性。

6. 影响电子资源预算编制的因素

(1)图书馆财政经费划拨政策的变化

财政拨款政策的变化会直接影响文献资源建设经费的总量,电子资源建设经费也必须做相应调整,这是影响电子资源预算的直接因素。

(2)电子资源采购方案的影响

电子资源采购方案决定了电子资源的最终价格,对预算的影响最大,大致可分为单独购买和集团购买两种类型。在西文电子资源尤其是全文类型电子资源的集团购买方案中,通常会涉及与纸本有关的订购条例,因此在制定电子资源预算时,必须统筹考虑纸质资源预算,使

① 张静,张西亚,邵晶. 高校图书馆电子资源经费分配原则及影响预算的因素分析[J]. 现代情报,2008(8):158—160.

二者协调互补。此外,并发用户的数量、回溯数据库的选择、与纸本刊捆绑政策的变化、出版商的合并与分立、代理商的选择等都会影响预算的结果。

(3)电子资源自然涨幅的影响

多数电子资源受数据追加、人力资源成本提高、物价上涨等因素每年都有涨幅,通常平均涨幅为3%—10%。此外,订购年限对涨幅也有不同的影响,比如以三年为一个订购周期的订购协议,与签订一年协议相比,协议期内每年涨幅较小,在集团采购方案没有确定时,采访人员在编制预算也应考虑此因素。

(4)汇率的影响

西文电子资源通常以外币报价,最常见的是美元,因此汇率的变化对预算也有较大的影响。采访人员应及时了解汇率的变化情况,以提高预算的精确度。

第三章　电子资源的采购

第一节　电子资源的价格模型和采购模式

一、电子资源的价格模型

由于电子资源在保存、复制、传播、共享等方面所展现出的天然优势，出版物在印刷品时代所采用的“统一定价”原则无法适应数字时代的需求，因此，厂商为电子资源设计了各种价格模型。相较于印刷型出版物的价格政策，电子资源的价格模型呈现出多样性和复杂性的特点。20 世纪 90 年代，曾有国外厂商总结出 4 大类多达 50 余种电子资源基本价格模型①。在产品定价时，厂商可以直接应用基本价格模型，或将多种基本模型进行组合以衍生出更为复杂的价格结构。丰富的价格模型可以帮助厂商制定出更符合特定机构需求的销售策略，最大程度的将内容推送至潜在读者群②。伴随着电子资源的发展，不断有新的价格模型出现，也将不断有传统的价格模型成为历史。了解常用价格模型内涵与特点有助于采访人员更好地进行商务洽谈，为本机构争取权益。

1. 基于 FTE 的价格模型

FTE(Full Time Equivalents)，全时等量数，在电子资源价格模型中一般定义为教育机构中的全日制学生和教职工总人数，公司、政府和专业机构中的雇员数量。该模型下资源以被许可方的 FTE 数量为基

① Rhind-Tutt S. What a Tangled Web We Weave: A Review of Pricing Models and the Forces that Drive Them[J]. Against the Grain, 1998, 10(1): 24, 26—28.

② Cox J. Pricing Electronic Information[J]. Serials Review, 2002, 28(3): 171—175.

础制定价格方案。

FTE 价格模型最常用的定价策略是分级定价——即厂商根据 FTE 数量将机构划分为若干等级,不同等级机构购买资源价格不同。如下表 1 所示:假定某厂商 X 将销售对象划分为四个等级,FTE 在 1—400 之间的机构等级为 Small,FTE 在 401—1500 之间的机构等级为 Medium,FTE 在 1501—4000 之间的机构等级为 Large,FTE 大于等于 4001 的机构等级为 Extra Large。X 公司规定资源按照机构 FTE 等级定价。假定某高校全日制学生与教职工总人数是 3500,若其购买 X 公司 A 资源,根据表 1 所示,对应的产品报价是 8400 美元。

表 3－1　X 公司 FTE 分级及产品价格

FTE 等级	FTE 数量	A 资源价格	B 资源价格
Small	1—400	$4800	$15 000
Medium	401—1500	$7200	$21 000
Large	1501—4000	$8400	$25 000
Extra Large	>4001	$8950	$28 000

在这种价格模型下,FTE 数量的认定对机构的资源引进成本有决定性的影响。如果引进资源的专业性较强,则不以整个机构的 FTE 数量作为分级标准,而应以机构中相关专业的使用者数量作为分级标准。有些厂商在计算公共图书馆 FTE 数量时,会按照该馆馆员人数和持卡读者总数进行核算。当然,厂商对于机构 FTE 的认定也有一定的可协商性,采访人员应根据实际情况向厂商提出意见。

在实际应用中,FTE 分级通常作为厂商定价政策的一部分,与其他价格模型综合应用。

2. 基于并发用户数价格模型

并发用户数(Simultaneous Users),指厂家授权被许可方在同一时间使用资源的用户数量。在该模型下,资源根据并发用户数许可数量定价,并发用户数越多,价格越高。并发用户数价格模型一般只限制同时访问人数,对使用次数不做限制。

基于该价格模式的特点,机构每多购买一个并发用户数,其资源服务覆盖的范围就会成倍增长。在这种价格模型下,订阅机构可以根据本机构的实际情况,灵活地选择购买适合本机构的并发用户数量。在满足基本使用需求的前提下,选择较低等级的并发用户数可以为机构节省资源购置经费,促进经费的合理分配和利用。资源在机构中受众窄、用量高,或者资源受众面大但仅有偶发需求的情况下,减少并发用户数订购量是相对经济的选择。以国家图书馆为例,Factiva 数据库、新兴市场信息服务数据库(EMIS)、PressDisplay 报纸全文库等都是以有限并发用户数模式订购的。

需要注意的是,机构应向读者公布订购资源的并发用户情况,充分说明并发冲突发生的机制,引导读者及时释放占用的资源,减少并发冲突发生的次数,缓解读者在并发冲突发生时的不满情绪。当频繁有读者反馈资源需求无法满足时,应考虑在经费许可的情况下提高订购的并发用户数量。

3.“纸电捆绑”价格模型

“纸电捆绑”是指出版商在销售时将出版的纸本出版物和其电子版本通过一定的价格策略的整合,实现增加整体销售额的目的。基于“纸电捆绑”理念的价格政策种类繁多,主要有以下几种类型:

(1)订购印刷型资源,免费获得电子版访问权。这种价格模式即我们通常所说的“买纸赠电”,图书馆在订购纸本资源的同时免费获得相应电子资源的访问权,一般用于学术期刊的定价策略。通常情况下,出版商只向图书馆开放其订购的特定期刊的电子版本;当图书馆订购的印刷型期刊品种较多时,可以和出版商进行谈判,申请开通其平台上全部或者多于图书馆订购品种的部分期刊的电子访问权限。这种订购模式适用于有大宗纸本订购需求的图书馆,在不增加资源建设经费投入的情况下,既保证了纸本馆藏的延续性,同时也增加了资源的电子访问模式,更好地满足了读者的访问需求。

(2)以印刷型资源订购为基础,缴纳使用费获得电子资源访问权。这种价格模式一般用于学术期刊数据库的定价策略,是出版商用以维持其整体销售额最常用的价格模型。

一些出版社为了维持传统纸本期刊业务，将订购纸本期刊作为获得其数据库访问权的必备条件。通常会依照图书馆当前的纸本订购品种数或者纸本订购金额作为约束，有时会以这两种因素共同约束，当图书馆满足了纸本订购要求后，方可获得数据库的订购权限，缴纳出版商按比例计算的电子访问费，获得出版商期刊平台上全部或大部分期刊的访问权。对于有对应纸本订购的电子刊通常有永久访问权，其他的电子刊仅有限定访问权。之所以以图书馆当前订购纸本金额作为限定条件，是由于学术期刊发展的特殊性，在电子期刊出现之前，机构图书馆只能通过订阅纸本期刊满足学术研究需求，出版社因此可以通过机构历史纸本订购额来初步判定机构规模、资源用量等信息，做到较为精准的定价。

这种价格模式曾在较长一段时间内占领了学术期刊市场，但随着电子期刊的蓬勃发展，高校等科研机构对纸本期刊的需求降低，迫切地希望减少纸本订单，转向 e-only 模式。走在变革前列的期刊出版商将对纸本期刊销售额的绑定，转向了对整体订购金额的绑定，即只要机构订阅期刊——包括纸本期刊和电子期刊的订购金额或品种数达到出版商最低要求，就可以通过缴纳一定比例的电子访问费获取整个数据库访问权。

(3)以电子资源订购为基础，获得印刷型资源的优惠。在这种模式下，出版商仅对机构的电子资源订购量做出限定，对机构是否订阅纸本、订阅多少纸本，不再做出限制，并同时给予机构订购的纸本资源额外优惠。这种模式在电子期刊的销售中最为常见，既代表了出版社将出版和销售重点转向电子期刊的意愿，也反映了整个学术出版市场电子期刊不断上升至主导地位的态势。

事实上，在学术期刊的销售模式转变为该类型的情况下，出版商对于机构订阅电子期刊的订购金额限定并不低于此前在其他模式下对纸本期刊的限定。额外给予纸本期刊较大幅度的订阅优惠（一般称这种优惠为“深度折扣”，Deep Discounted Price，DDP），一方面可以提高图书馆保留纸本的意愿,另一方面由于 DDP 价格通常较期刊定价便宜很多,可以给采访人员造成方案优惠幅度大的印象,降低前期谈判难度,顺利地完成出版社由纸本向电子出版的重心转移。

(4)以整体订单的形式绑定电子资源和印刷型资源。这种销售模式是指:出版社在进行定价时将电子资源及其印刷型资源作为一个整体进行价格设置,这个整体价格通常要高于单独订购电子资源或者印刷型资源,但低于二者的总和。

对于期刊订购来说,这种价格模式一般出现在单本期刊的报价中,在代理商提供的期刊订购目录中标注为"/IP"。因为单本电子期刊的管理和维护较为烦琐,图书馆对于订购这种价格模式下的期刊并不太欢迎。

对于图书订购来说,这种模式可以促进有纸本保留需求的图书馆在无须大幅增加购书经费的前提下增加电子书的采选,提高电子图书馆藏,所以这种模式还是比较受欢迎的。例如,国家图书馆在 2011 年引进了 2000 余种 John Wiley & Sons 出版社的电子图书,就是以这种模式购买的。

4. 新兴的读者驱动采购

读者驱动采购(Patron Driven Acquisition,简称 PDA),是基于读者使用需求的资源购买方式,同时也是厂商为顺应客户需求建立的新型价格模式,主要应用于电子书的采购中。在这种模式下,读者的阅读需求被量化,作为重要因素指导或直接影响采购决策。

读者驱动采购首先由图书馆确定馆藏资源建设的基本内容及预算上限,书商根据图书馆要求提供包含全文链接的书目信息,图书馆将筛选后的书目信息导入 OPAC 系统,读者可以通过 OPAC 系统检索并点击书目链接阅读图书全文;当书目信息的点击次数、阅读时间等指标达到图书馆预先设定的值后,则系统自动触发购买或租用[①]。

---

① 白新勤. 图书馆实施读者决策采购(PDA)的基本路径探讨[J]. 图书情报工作,2013,57(5):76—80.

读者驱动采购模式作为新兴的馆藏建设方式是图书馆在数字时代新形势下应对挑战的创新举措，可以从一定程度上缓解图书馆经费紧张和大量馆藏长期利用率低的局面。Ebook Library、Ebrary 等电子书数据库均可通过这种购买方式采购。

上述仅对目前常见的几种电子资源价格模型进行了简单阐述，由于篇幅有限，并不能详尽的涵盖当前市场上全部的电子资源价格模型。事实上，厂商在实际工作中的价格体系也并不是简单地应用某一种价格模型，而是综合应用多种价格模型，同时还要考虑存档权、远程访问权、汇率影响等因素，情况更为复杂。

二、电子资源的采购模式

根据引进电子资源的资金渠道和采购组织方式的不同，电子资源采购模式可以分为单一机构采购、集团采购、国家许可采购三种类型。这三种采购模式各具特点，各有利弊，机构可以根据自身情况选择适宜的采购模式引进所需电子资源。

1.单一机构采购模式

单一机构采购模式是指机构根据自身资源建设需求，以本机构为独立采购单元与资源提供厂商就资源采购事宜进行商谈、签订单一机构采购协议的资源购买模式。

单一机构采购模式从计划评估到后续商务谈判，整个引进过程由机构独立负责完成，自主性高、灵活性强，是早期资源引进工作中应用最广泛的采购模式。但由于缺少联盟势力，单一机构采购模式存在不可避免的缺点，主要总结为以下两点：①对采访人员要求高，在中小型机构中开展的难度较高、成效较差。单一机构采购模式下，机构需要独立完成资源的前期调研、资源的试用开展及综合评估、资源引进的价格及商务条款谈判、资源引进的许可协议审定和签订等各项采购准备工作，对机构采访人员的数量和人员业务素质都要求较高，一般中小型机构图书馆很难实现这样的人员配备；②谈判筹码少，难以获取有利商务条款。单一机构采购模式难以触发厂商价格模型中的各种规模折扣,通常很难达到联盟模式下的价格优惠程度。

2. 集团采购模式

电子资源的集团采购,是指多个图书馆组织起来,联合采购某种资源,以最少的经费,获取最优价格、最佳服务和最符合需求的资源[①]。

集团采购由组织馆——通常是一个机构或几个机构的联合,负责整个采购过程的组织,包括资源评估、试用组织、商务谈判和采购方案确定以及最后协议的签订。其他参团的图书馆可以向组织馆提出本馆意见,根据最终组团方案确定是否参团。加入集团采购的图书馆可以享受集团的价格优惠和各种服务。

从集团采购的组织方式来看,目前集团采购的常用模式分为以下几种:①单一机构通过集团组织享受购买资源的价格折扣,各机构分别向厂商支付费用;②集团向厂商支付固定费用,参加集团的各机构自行协商分摊的费用;③由政府或政府立项的项目对集团成员进行补贴,支付购买资源的全部或部分费用。

从集团采购的资源利用方式来看,目前常见的共享方式有以下几种:①集团中各成员馆独立享有所有资源的使用权,按照集团采购价格方案支付费用,这是目前应用最为广泛的方式;②集团成员以共享一定数量并发用户数的方式共同购买资源,约定按照机构规模、实际用量等规则分担购买经费;③集团成员各自购买资源的一部分,成员馆之间所有资源不重复且可以互相使用购买的资源,实现真正意义上的共享,PQDT 学位论文全文库的中国集团就是这种方式最典型的案例[②]。

除价格因素外,集团采购模式还有利于提高资源采集效率、避免资源重复建设和共享,已经成为电子资源采购模式中非常重要的采购

---

① 肖珑,姚晓霞. 我国图书馆电子资源集团采购模式研究[J]. 中国图书馆学报,2004(5):31—34.

② 杨毅,周迪,刘玉兰. 电子资源集团采购模式的探讨[J]. 图书情报工作,2005,49(9):92—95,125.

方式[①]。国内的集团采购发展迅速、影响力日益增大,以高校图书馆数字资源采购联盟(Digital Resource Acquisition Alliance of Chinese Academic Libraries,DRAA)为领军集团和代表,区域性集团、专业性集团等小规模集团日益壮大,成为国内电子资源引进工作中举足轻重的重要力量。

3. 国家许可采购模式

国家许可(National License)是指国家层面的集团采购,资源采购经费由公共财政部分或完全支持,通过这种采购模式引进的资源授权用户范围较广,通常覆盖全国范围内的科研教育系统用户,乃至全国公众[②]。

国家许可电子资源的采选涉及的采购经费多、受众面广,因此引进的评估过程和商务过程也要比一般资源引进更为复杂。由资源建设专家根据用户资源需求情况和资源引进目标选定引进资源和引进方式,由学科专家对资源的学术价值进行评估,由商务谈判小组从法律、商务等多个角度进行谈判和审核。

国家许可模式在国外开展早于我国,形式也相对多样,冰岛、加拿大、英国、韩国等国家都先后以国家许可方式引进电子资源。冰岛教育科学文化部成立"国家数字图书馆指导委员会"负责电子资源采购工作,用国家经费购买可供国内所有联网的计算机访问的资源[③]。加拿大的CNSLP(Canadian National Site Licensing Project)项目[④]由"加拿大创新基金会(Canada Foundation for Innovation,CFI)"提出,由CFI、大学和各省政府共同出资购买资源,并按比例分摊采购成本,三年后在

① 卫俊杰,续穆. 图书馆联盟电子资源集团采购分析研究[J]. 农业图书情报学刊,2015,27(7):27—31.

② 尹高磊,郑建程,王晓萌. 基于国家许可模式的数字资源遴选方式研究[J]. 图书馆学理论研究,2010,54(21):22—26.

③ 强自力. 电子资源的"国家采购"[J]. 图书情报工作,2003,(4):91—94.

④ Hoffman E. The Canadian National Site Licensing Project and the logic model[J]. The Bottom Line,2005,18(1):14—23.

此基础上建立 CRKN（Canadian Research Knowledge Network）项目①，逐步减少政府资助。还有一种采购方式，政府投资建立平台并提供支持平台的运行经费，图书馆通过平台进行资源采购和管理，自行承担资源的采购费用，具体案例可以参考英国的 NESLI（National Electronic Site License Initiative）项目②和韩国的 KESLI（Korean Electronic Site License Initiative）项目③。

在我国，国家科技图书文献中心（National Science and Technology Library，NSTL）和国家图书馆（National Library of China，NLC）两大机构均在国家财政专项经费的支持下开展国家许可采购，购买了一批外文学术资源，并为全国的非营利性机构提供服务。

国家科技图书文献中心（以下简称 NSTL）自 2002 年开始以国家许可模式陆续购买国外学术期刊和数据库。2002 年—2008 年，NSTL 通过国家许可模式引进国外重点学/协会期刊、会议录、中小型科技出版机构的数字出版物；自 2008 年起，NSTL 开始重点建设回溯数据库，先后以国家许可模式引进 Springer、OUP、IOP、Turpion、Nature 等 7 个回溯数据库④，通过 NSTL 服务平台免费为中国大陆地区非营利学术型用户提供服务。

---

① Jurczyk E，Jacobs P. What's the Big Deal? Collection Evaluation at the National Level[J]. Portal：Libraries and the Academy，2014，14(4)：617—631.

② Turner R. National site licensing and consortia purchasing[J]. Library Consortium Management：An International Journal，1999，1(1/2)：33—40.

③ Park E G，Choi H N. Korean Electronic Site License Initiative：archiving of electronic journals[J]. Online Information Review，2006，30(6)：731—736.

④ 尹高磊，郑建程，王晓萌. 基于国家许可模式的数字资源遴选方式研究[J]. 图书馆学理论研究，2010，54(21)：22—26.

表 3-2 NSTL 购买国家许可回溯数据库①

数据库名称	起止年限	出版机构	资源数量	学科
施普林格在线回溯数据库(Springer)	1832 年—1996 年	施普林格出版社	期刊 961 种,3 万余期,丛书 14 种、4516 卷	综合学科
牛津期刊过刊回溯库(OUP)	1849 年—1995 年	牛津大学出版社	142 种期刊,80 余万篇全文,共 300 余万页内容	综合学科
英国物理学会网络版期刊回溯文档数据库(IOP)	1874 年—2002 年	英国物理学会出版社	66 种期刊,1200 多卷,共 200 余万页内容	物理学,数学,化学,力学等
Turpion 网络版期刊回溯文档数据库(Turpion)	1958 年—2002 年	Turpion 出版社	12 种期刊,200 余卷,共 30 余万页内容	物理学,数学,化学等
Nature 周刊回溯文档数据库(Nature)	1869 年—1986 年	Nature 出版集团	共 6107 期,约 38 万篇文章	自然科学、农学、医学等
LWW 期刊经典回溯库	创刊年—2003 年	Lippincott Williams & Wilkins	248 种期刊,99 万余篇全文	医学和护理学
英国皇家化学学会回溯期刊数据库(RSC)	1981 年—2004 年	英国皇家化学学会出版社	66 种期刊,26 万余篇全文	化学

国家图书馆自 2010 年起陆续以国家许可的方式引进期刊回溯数据库,2010 年引进 Emerald 回溯期刊数据库和 SAGE 回溯期刊数据库,2012 年引进剑桥期刊电子回溯库。以上三个数据库通过出版商平

① 数据来源:http://archive.nstl.gov.cn/Archives/。

台提供服务，中国大陆地区的非营利性机构均可免费申请开通访问（注：未订购 SAGE 现刊的机构每年需缴纳 750 美金的平台访问费）。

表 3－3　国家图书馆购买国家许可回溯数据库①

数据库名称	起止年限	出版机构	资源数量	学科
Emerald 回溯数据库	1898 年—2000 年	Emerald 出版社	178 种期刊，超过 11 万篇文章	综合学科
SAGE 回溯数据库	1879 年—1998 年	SAGE 出版社	380 余种期刊，41.8 万篇文章	综合学科
剑桥期刊电子回溯库	1770 年—1996 年	剑桥大学出版社	207 种期刊，63 万余篇文章	综合学科

国家许可是国家层面的数字资源统筹建设机制，是提高国家数字资源整体化建设水平的重要途径。与单一机构采购和集团采购相比，国家许可模式采购资源的优势在于可以通过政府资金和势力，整体把控资源建设方向和经费支出，从一定程度上缓解和避免不同地区、机构间的资源重复建设和资源建设差距。特别是国家许可回溯数据库的建设，既能满足学术机构对回溯资源的需求，又能避免单一机构购买回溯数据库高投入低收益的尴尬局面，是近年来我国国家许可资源的重点建设方向。

第二节　电子资源的采购流程

电子资源的采购成本一般要高于印刷型资源，因此也需要花费更多的时间进行选择和采购决策等工作。在电子资源采购之前，采访人员需要广泛地收集电子资源出版信息，根据馆藏政策进行筛选、组织

① 数据来源：http://dportal.nlc.cn:8332/zylb/zylb_qgshq.htm。

试用、分析试用情况,并根据需求询价、议价、制定订购方案;在电子资源采购进行过程中,采访人员需要参与整个商务谈判、合同审阅以及采购经费支付的工作;正式引进后,采访人员需要进行电子资源的开通发布、处理访问故障、读者咨询和培训事宜;资源续订时,采访人员需要根据使用统计数据进行资源使用成本分析和用户需求调研,提交续订报告,并完成后续商务工作。本节将电子资源采购工作按采购准备、采购进行、后续支持与服务划分为三个阶段,介绍资源采购全部流程。

一、采购准备阶段

1. 信息搜集与资源试用

市场上现有的电子资源品种繁多,采访馆员应根据本机构的馆藏方向和读者需求,有针对性地进行调研,广泛地了解出版市场现状。各进出口公司每年都会发布电子资源推荐目录,如中国教育图书进出口有限公司每年发布的《外文期刊暨数字资源专题推荐目录》,按学科分类介绍数据库产品信息,内容覆盖了国内引进的大部分外文数据库产品,是全面了解电子资源信息很好的渠道。此外,展览会、学术会议、专业报刊、兄弟机构图书馆等,都是获取最新出版动态和产品信息的渠道。采访人员还可以将本馆需求和馆藏方向告知厂商,厂商会主动从丰富的产品线中挑选最适合的资源进行推荐,有利于第一时间获取最新的出版信息。

在对获取的资源信息进行初步判断后,对符合馆藏要求、有读者需求、有购买意向的资源应该申请试用。资源试用是厂商在用户购买前,为使用户更加直观地了解资源内容和服务平台而提供的一段时期的免费访问服务。开展资源需求调查是了解读者需求的有效手段,也是采访人员对资源进行深度评估的必要条件。一般资源的试用周期以2—3个月为宜,但厂家对一次性买断产品(如回溯数据库,电子书等)的试用开放通常比较谨慎,可能无法满足机构对此类产品的试用要求。

在试用期间,采访人员需要实际进行操作,充分了解资源平台的功能特性,如检索、浏览等基本功能,平台访问速度等,并对厂商提供的资源内容信息进行核实。同时,采访人员还应该借助一切宣传渠道向读者发布试用信息,邀请读者参与试用,宣传手段包括张贴宣传海报、网站通知、官方微博发布等。试用通知中要说明资源的基本信息、访问方式和试用时间,同时提供采访人员的联系方式,以便读者咨询和反馈。在有条件的情况下,特别是对于专业性强的资源,最好能够邀请学术专家参与试用,获取专业意见。试用结束后,采访人员要及时获取试用统计数据,整理读者反馈意见。

2. 资源引进评估

电子资源引进评估是指电子资源采访人员依据实际需求,从多个角度对目标资源进行全面分析和评价的过程。评估结果将作为是否引进某一电子资源的决策依据或交由最终的采购决策者辅助其做出订购决策。

评估内容主要包括以下几个方面:

(1)资源内容。评估资源内容时,主要评估指标有:资源数量、资源类型、收录时间范围、学科主题、更新频率、资源口碑和业界认可度等。在期刊数据库的评估中,资源被知名二次文献数据库收录的比例以及资源收录期刊的影响因子等均可作为考察资源质量的重要依据。期刊的被收录情况和影响因子等信息可以要求出版商提供,也可以自行借助相关工具(如 Web of Science, Journal Citation Reports, Engineering Village 等)进行查询。

(2)平台功能。资源访问平台功能将影响资源的使用效果,对资源平台的评估工作应在资源试用期间开展。对平台功能的评估,主要是考察平台界面的友好性、平台的访问速度和稳定性、图像显示的清晰度、检索功能的完备性、文献访问与下载等结果输出功能的权限及格式、对移动设备的支持程度、统计功能及标准等方面。

(3)馆藏需求。一是要评估资源的内容与馆藏政策要求是否匹配,二要根据试用统计和读者反馈意见合理预估读者对资源的需求程度，三是要与当前的馆藏资源进行比对，尽量避免不必要的重复建设。

(4)授权与保存。评估项目包括是否允许远程访问，是否有并发用户数限制，是否可以向图书馆提供存档数据，是否提供 MARC 数据和元数据，是否允许图书馆对资源进行本地装载等。

(5)成本与费用。针对引进资源所需经费，采访人员要从资金角度对图书馆资源引进能力进行衡量。在经费有限的情况下，可以通过减少授权范围的要求缓解资金不足的问题。

(6)服务质量。服务质量也是影响资源使用的重要因素，主要评估响应速度、培训次数、数据提交及时性等几项内容。

采访人员应根据评估内容形成最终的评估报告，提交资源购买决策者(如资源建设委员会等机构)进行采购决议。资源评估报告没有固定的格式和内容要求，以反映资源实际情况和评估结果为准。

二、采购进行阶段

1. 商务谈判

相对于传统印刷型资源，电子资源所需的采购经费相对巨大，为了合理利用采购经费，避免资金浪费，大多数图书馆的电子资源采购都要与资源供应商就采购价格以及服务方式、存档、法律问题等进行商务谈判，最终确认双方均可接受的一整套采购方案①。

从资源特性来看，电子资源特别是专业数据库一般都是独特、唯一的，符合我国《政府采购法》规定的可以按单一来源方式进行采购的内容②，因此电子资源的采购谈判一般情况下也都需按规定成立谈判小组并组织单一来源采购谈判。由于电子资源的采购与使用会涉及许多采购部门决策和业务范围外的事情，因此谈判时尽量要召集到所有涉及的业务部门代表参加。通常情况下，谈判工作由国有资产管理

① 注：集团采购中，商务谈判工作由集团采购的组织者负责完成，成员馆可根据谈判集团谈判结果决定是否购买资源，节省了组织谈判的人力和物力成本。

② 毛凌文. 文献资源单一来源采购[J]. 图书馆理论与实践，2009(9)：11—13.

部门组织，由负责采访业务的人员、负责技术支持的人员、负责财务的人员以及纪检审计人员等共同组成谈判小组。

商务谈判过程中，参与谈判的人员应事先做好信息收集和资料准备，特别是参与谈判的非采访人员缺乏对资源的了解，采访人员需要提前把已有的资料进行分享。鉴于厂商可出席谈判的代表数量有限且多为销售人员，对于谈判中可能要谈及的问题，特别是技术方面的问题，最好提前告知厂商代表进行准备，以使谈判过程维持合理的节奏。谈判小组应明确并统一谈判目标，设定谈判底线，在原则问题上即使谈判破裂也不可轻易让步。各种谈判技巧与一般商务谈判并无二致。

举行商务谈判，一方面是为了遵循法律规定，保证整个采购过程的规范、公平和公开，杜绝违规操作和腐败滋生；更重要的是，通过商务谈判过程尽可能与资源提供商进行议价，降低采购成本，争取更大范围的授权许可和更优质的服务与支持。有时，尽管厂商无法降低售价，但会通过赠送产品访问权、赠送实体资源等方式回馈图书馆。为保证谈判成果最终实现，应要求厂商签署一份商务谈判确认函，列明谈判中双方达成一致的商务事项，以便日后对照和主张权益之用。

2. 协议签订及付款

与资源提供商进行商务谈判并达成一致后，就进入了签订购买协议及付款阶段。对采访人员来说，该阶段工作主要是协议审阅和经费支付，一般图书馆为引进某电子资源需要签订的协议一般包括以下三类：

(1)许可协议。许可协议是供应商(通常是出版商)与图书馆之间就电子资源的价格、使用、服务等问题所达成的契约，用以保护供需双方的权益，同时约束双方的行为，一般包括定义、使用权、禁止使用、义务、权利、存档、费用等内容。此类协议通常由厂商提供，条款繁多，签订前应仔细审核协议内容，避免图书馆利益受到损害。在进行协议审核时，首先要确认商务谈判确认函中的内容是否逐一在协议中有所体现，必要时可以要求商务谈判确认函以附件的形式出现在协议中以明确图书馆的权益；其次，要审查其他条款的约定是否有违背公平原则和有损图书馆利益之处，有条件的图书馆可以请律师对其中的法律条款进行审核。本章第三节将详细解析电子资源许可协议中涉及的各类条款。

(2)代理销售协议。有些电子资源出版商将资源的销售委托给代理商，由代理商向图书馆提供产品销售和前端客户服务支持工作，这种情况下，图书馆除了要与出版商签订使用许可协议外，还需要与代理商签订代理销售协议。代理销售协议内容相对简单，一般包括产品名称、订购期限、价格、双方权益、服务、争端解决等内容。签署代理销售协议时，有两点要尤为注意：一是要严格审查代理商的代理资格，以防被盗版厂商蒙混过关继而给图书馆带来经济损失和法律纠纷；二是要对照代理协议和许可协议，注意二者是否有矛盾冲突，避免发生代理销售商为实现销售做出违背出版商意愿的承诺。

(3)数据库订购协议(即代理付款协议)。由于一般机构没有电子出版物进口权限，无法直接向厂商支付款项购买产品，因此通常情况下，机构需要与有进口资质的进出口公司①签订订购协议，按照约定的汇率和手续费率向进出口公司支付人民币，由其向电子资源厂商支付外币。目前国内主要的经营电子资源进口业务的进出口公司包括：

- 中国图书进出口(集团)总公司
- 中国教育图书进出口有限公司
- 中国国际图书贸易集团有限公司
- 北京中科进出口有限责任公司
- 中国图书进出口上海公司
- 中国科技资料进出口总公司

机构应根据招标和预算额度安排数据库代付款公司，并在付款前

① 新闻出版总署公布核发的具有出版物经营许可证的出版物进出口经营单位名单[EB/OL]. [2009 - 07 - 15]. http://www.gapp.gov.cn/dwjlhz/dwjlhz_old/contents/3646/141287.html.

通知资源厂商,以便其向进出口公司开具发票。需要注意的是,续订时,某些厂商会习惯性按照上一年度安排将发票开具给同一家进出口公司,因此图书馆若有变动安排尽量提前告知厂商变动情况或让其等待通知再开具发票。

有经验的采访人员会对汇率进行一段时间的跟踪,尽量选择汇率较低时付款,合理节省资源采购经费。

三、后续支持与服务

1.资源开通与日常维护

资源采购工作完成后,采访人员要及时联系厂商开通访问,尽早向读者提供服务。开通访问时,馆员应尽可能向厂商提供完整的机构信息和联系人信息,以获取更优质的服务,主要信息内容包括:

- 机构中英文名称
- 机构地址
- 机构网址
- 机构 IP 地址
- 机构 LOGO 图片
- 采访人员联系方式
- 技术人员联系方式

访问开通后,采访人员首先要进行资源访问的测试,确保没有任何访问问题后再正式发布,以免影响新资源在读者中的推广效果。与此同时,采访人员应要求厂商提供详尽的资源信息,以便进行管理、揭示和宣传,主要包括:

- 资源中英文名称
- 资源访问地址
- 资源简介
- 完整的资源内容清单
- 使用统计账号
- 资源使用手册(纸质/电子)

- 资源培训视频
- 本机构客服人员联系方式

资源正式开通后，采访人员还需要进行电子资源日常信息维护，主要包括：

- 资源和资源量的统计
- 定期及不定期的信息更新
- 读者意见和疑问答复
- 使用统计数据整理分析
- 数据库突发故障处理
- 备份数据的催要和接收
- 组织数据库培训

由于电子资源的采访、服务、整合、技术支持等相关业务可能由不同的人员甚至不同的部门负责，资源开通及变更时有必要以工作单的形式进行信息的传递，以保证信息准确及时到达，且便于存档。表3－4提供了一份电子资源正式开通工作单样例。

表3－4　电子资源正式开通工作单样表

基本信息	资源名称	
	资源类型	
	收录年限	
	使用期限	
	链接地址	
	服务模式	
	发布方式	
	联系人及联系方式	

续表

资源简介		
采访信息	采访部门	
	联系人及联系方式	
	发送通知日期	
开通及整合信息	开通日期	
	责任人及联系方式	
	接收通知日期	
	发送通知日期	
	反馈建议	
推广服务信息	责任人及联系方式	
	接收通知日期	
	推广方式	
	反馈建议	
备注		

2. 资源续订

以租赁或按年付费方式取得访问权的资源一般在订购期满前开展续订工作。通常,数据库资源的协议有效期约定为一年,电子期刊库的协议有效期约定为三年。为了合理充分的利用有限的资源采购经费,采访人员需要在正式续订前进行评估,依据评估结果做出续订决策。

针对资源续订的评估主要包括以下几个方面:

(1)图书馆年度经费情况。图书馆的资源采购经费并不是一直增长的,经常是波动的,因此在进行资源续订时首先要考虑的就是经费问题。在经费不足的情况下,图书馆只能对现有资源进行排序,做出取舍。排序时可能要借助绩效评估结果。

电子资源的绩效评估是指依据某个标准对电子资源服务的效率和效能进行科学的测度和分析①,是采访馆员做出续订决策的重要依据和辅助工具,评估项目包括使用统计数据和增长率、单次使用成本和增长率、厂商服务评价等。

(2)资源内容是否发生变化。由于在引进时已经对资源内容进行过一次全面的评估,续订时不再需要进行如此详尽的内容评估,主要考察数据库内容是否有重大变化。当发生资源量减少较大、重要资源转出等情况时,要慎重考虑继续订购资源。

(3)对资源的需求是否发生变化。读者和研究人员对某一资源的需求有时只是阶段性的,并非长期需求,这种情况在一些工具型数据库的使用中较多出现。续订时采访人员应该对资源的需求进行调研,对明确已无需求或需求量很小的资源应当停止订购。

(4)资源的价格是否发生变化。通常情况下,由于资源内容增加,同时人力物力成本提高,外文电子资源的价格会有一个固定的年度涨幅,但是要注意,如果这个价格增长幅度超出了合理的范围,图书馆要严格考量涨价原因,不能轻易接受。厂商对大幅涨价行为通常有三种情况:机构用量增长较大;授权用户和授权范围增长较大;恶意涨价。图书馆应该有抵制恶意涨价行为的觉悟。

第三节　电子资源许可协议及相关条款

厂商在销售电子资源时会要求订阅方签署许可协议,协议条款一般由厂商确定,某些厂商会允许图书馆对其中部分条款提出修改意见。签署许可协议的意义在于明确订阅方的权利,同时约束订阅方的使用行为,保证在厂商许可的范围内进行访问和下载等操作。对图书

① 索传军.电子资源服务绩效评估的含义及影响因素分析[J].图书情报知识,2005(12):66—69.

馆员来说,充分理解协议的条款内容,有助于及时发现协议中的疏漏和不利因素,争取更多的谈判回旋空间和有利约定,是采访馆员非常重要的业务素养。外文电子资源的许可协议一般由英文原文和对照翻译部分组成,语言相对晦涩,本节内容对协议的重点部分进行介绍和解释。

一、许可协议的概念

电子资源许可协议本质上是供应商(通常指出版社)与图书馆之间就电子资源使用及服务上的相关问题所达成的契约①。许可协议规定了双方的权利和义务,包括许可人将要提供的服务和被许可人为了使用电子内容而必须遵守的条件②。

根据各出版商提供的协议样本,订阅型产品(或称租赁型产品)的协议一般称为"订阅协议(Subscription Agreement)"或者"许可协议(License Agreement)",订购型产品(或称买断型产品)的协议一般称为"购买协议(Purchase Agreement)"或"购买许可(Purchase License)"。本书主要介绍两者的共性部分,为方便表述,书中所提到的许可协议一般泛指上述两种类型的协议。

二、许可协议的条款

1. 许可协议的基本条款

在国外,经政府机构、图书馆联盟和出版商努力协作,不断发展和完善许可协议模型和许可原则③,目前我们所接触到的外文电子资源许可协议基本是遵从这些模型和原则的。尽管不同的模型和原则下

① 稂丽萍. 电子资源采访中协议签订初探[J]. 图书馆建设,2010,(7):58—61.

② 荷莉·于. 图书馆电子资源管理:研究与实践[M]. 齐凤艳,李春利,魏治国,译. 大连:大连理工大学出版社,2014:173.

③ 程文燕,孙坦,黄国彬. 电子资源许可协议模型研究[J]. 图书情报工作,2008,58(2):109—111,42.

对许可内容的约定不尽相同，但通常情况下，一份许可协议包含以下内容和条款：

(1)生效日期

生效日期(Effective Date)，标明了协议中条款生效的起始时间。对于按年付费的产品，协议生效日期一般约定为产品订阅期的开始日期；对于一次性购买的产品，协议生效期一般是双方共同约定的一个日期，或由厂商默认为提供协议的日期。有些情况下，协议会约定从双方共同签署后正式生效，则最后签署日期被视为正式生效日期。

(2)协议双方

协议双方约定协议签署的双方机构：出版商(Publiser)/许可方(Licensor)——指产品提供方，被许可人(Licensee)——指图书馆或其他产品购买机构。许可协议一般是机构和出版商或集成商等产品出版机构之间签订的；如果是通过代理商购买的产品，在与代理商签订订购合同之外，如果要签订许可协议，应与原厂商签订。

(3)"定义"条款

一般情况下，一份正式的许可协议包含独立的定义部分或者在术语出现的地方表述定义，目的在于将协议中出现的术语进行清晰的表述和释义。电子资源许可协议中的某些术语的定义对使用者权利会产生很大影响，因此，在合同审定的过程中一定要准确理解定义内容，确认与商务谈判条款一致。

(4)"协议"条款

协议(Agreement)条款是对订阅/订购行为的整体说明，包括出版商向被许可人提供资源的授权说明、被许可人的支付义务、许可协议的生效期、终止期、费用支付等相关问题的说明。

(5)使用权条款

使用权条款是许可协议最重要的部分之一，定义了被许可人及其授权用户在许可允许范围内可以进行的操作内容，阐明对浏览、下载、打印、展示、课程保存、馆际互借等行为的规定。

(6)限制使用条款

限制使用条款列举了出版商对被许可人及其授权用户在许可资料使用过程中做出的禁止或限制约束。一般包括对许可资料的修改和版权信息删除、出于商业目的使用、任何形式的非授权使用和传播等。协议签订后,图书馆有义务以公开告知和宣传教育的方式向授权用户宣传使用中的限制内容,尽量避免因授权用户的违规操作而带来纠纷。

(7)双方义务和责任条款

义务与责任条款列明了许可双方共同遵守以及各自需要履行的职责,以促进信息资源的有效利用和双方权益的有效保护①。其中,许可人主要义务与责任包括:许可资料的合法及可获取性,许可资料提供的及时性,服务的连续性和完整性,许可资料变更通知,故障通知与及时恢复,使用统计的提供等;被许可人主要义务与责任包括:向授权用户告知许可资料的使用条款,防止非授权使用,监督用户行为,阻止违规使用并告知许可人,向许可人提供机构信息等;双方共同保护对方的知识产权、保密信息和专享权利。

(8)争议解决和管辖法律条款

争议解决明确规定了当许可双方之间发生分歧时的处理方式,包括自行解决以及自行解决以外的法律方式。条款有时会明确规定自行解决以外的法律解决方式是仲裁或诉讼,并规定仲裁和诉讼地点。

管辖法律规定了许可协议的管辖和解释法律。

(9)担保条款

担保条款是出版商对电子资源的承诺和担保。一般情况下,出版商要承诺对相关内容的所有权,保证电子资源是按现状许可、无产品缺陷的。图书馆应该要求在担保条款中写明对方的担保期限和担保事项。

---

① 潘菊英,朱远坡.图书馆电子资源许可协议条款研究[J].图书馆论坛,2011,31(4):106—108.

(10)赔偿条款

赔偿条款一方面明确表述和定义了违约行为,另一方面规定当一方违反协议规定并给对方造成损失时应该进行赔偿。目前,只有少数许可协议会在书面明确表明损失发生时赔偿的金额或赔偿的计算方法。

(11)许可终止条款

许可的终止一般情况下是由于许可期限届满,许可终止条款部分详细规定了许可的一方在什么时候可以因为其他原因终止。图书馆应确保在厂商有重大违约行为(如重要内容的消失)时图书馆有终止许可的权利。

(12)附录部分

通常不方便在许可协议正文表述的内容会在附录中体现,例如完整的许可资料清单,许可资料价格,访问方式等内容。尽管是以附录的形式出现,但这部分内容往往才是采访馆员最关心的。

2. 许可条款的谈判及注意事项

在现行的市场环境下外文电子资源厂商占有较多的话语权,许可协议大多数情况下是出版商为保护自身利益编写的,尽管很难,但并不是不可变更和修改的。在进行许可条款的谈判时,采访人员仍应细致审查,并尽力争取更多的有利于本机构的条款。

图书馆可以制定政策,强制性明确可以/不可以接收的条款,建立强势形象;注意存档和管理,对谈判修改成功的案例进行保存,通常情况下,如果一个出版商曾在某个条款上做出让步,未来很有可能延续这个让步,而一个出版商的让步也很有机会影响到其他出版商的决策。

以下列举了在进行许可审查和谈判时采访人员应重点关注的细节:

(1)授权用户的定义。由于电子资源的访问便利性,所以协议中一定会规定对授权用户的定义。如果图书馆(特别是公共图书馆)向随机访问用户提供服务,那么条款一定要明确允许随机访问用户访问本馆资源。此外,授权用户定义中通常会描述允许授权用户访问的地点,图书馆应尽量让许可人在访问地点的描述中允许远程访问或避免限制为仅到馆舍范围的访问。

(2)授权地址的定义。对于授权地址的定义一般有两种,一是对地理位置的描述,一是对行政属性的描述。无论采取何种方式描述,采访人员都应严格审查是否本机构全部都被包含在该描述中。

(3)关于“恶意下载”。出版商在协议中会明确禁止“恶意下载”和“滥用”行为,但对“恶意下载”的定义却含糊不清,不能给出定量标准。图书馆应要求厂商明确恶意下载的标准,如“下载超过10页/秒”或“整本下载”,以便管理,更可避免厂商在实际执行中任性地定义读者的下载行为,无理中断服务。

(4)争议处理和管辖法律。厂商一般规定争议许可协议适用本国法律,当争端发生时交由本国法院或仲裁机构进行处理,这使得当纠纷真正出现时图书馆会处于非常不利的位置。在进行许可谈判时,图书馆应尽量要求厂商同意协议受“中华人民共和国法律”管辖,争端发生时交由中国或者第三国(或地区)法院或仲裁机构。同时,一般许可协议都是中英文双语对照,为避免对法律语言的理解偏差带来的损失,应要求以中文表述作为最终标准。

(5)服务提供的时间和方式。协议中应明确服务许可方向被许可方提供电子资源服务的时间和方式。涉及的服务时间主要有两个方面,一是资源开通访问时间,通常会设定为一个固定时间或协议签订后的固定时间内;二是当有备份数据/元数据提供服务时,要约定一个最晚提交时间,以保证厂商按时提交数据。

(6)价格和许可内容审查。尽管这种情况非常罕见,但的确出现过在许可人提供的协议中并没有完全反映许可资料或者许可资料价格有误的状况。

第四节　电子资源政府采购

一、电子资源政府采购概述

1. 政府采购的定义及起源

政府采购指一国政府及其所属实体为了政府消费的目的而已法

定方式、方法、程序使用公共资金购买所需商品、工程和劳务[①]。《中华人民共和国政府采购法》中对政府采购的定义是“指各级国家机关、事业单位和团体组织,使用财政性资金采购依法制定的集中采购目录以内的或者采购限额标准以上的货物、工程和服务的行为”[②]。

政府采购源于西方,由来已久。1861 年美国通过了《联邦采购法规》,使密封投标制成为政府授权合同的基本方式,要求每一项采购至少要有 3 个投标人。此后,美国政府不断发展和完善政府采购制度,以立法的形式确定公开竞争采购方式为美国政府采购的基本方式,规定政府机关的需求必须通过竞争性程序进行政府采购来实现[③]。

英国是世界上最早实施政府采购制度的资本主义国家,于 1782 年设立了“文具公用局”,专门负责对政府部门所需的办公用品的采购,与此同时开始对政府采购的管理进行立法,为政府采购的组织管理模式和政府采购法规法律制度的建设奠定了重要基础[④]。

国际组织也相继制定了国际性的政府采购法律文件和政策文件,如世界贸易组织制定的《政府采购协定》,亚太经合组织制定的《政府采购的非约束性原则》,欧盟委员会制定的《欧盟公共采购指令》,世界银行颁布的《世界银行借款人和世界银行作为执行机构聘请咨询专家指南》等。

我国政府采购起源于 20 世纪 80 年代,最初在国家基本建设项目、机械成套设备、进口机电设备、科研课题、项目融资等领域推行招投标制度[⑤]。经过十几年的发展与实践,政府相继制定和颁布了一些规章和法规,2000 年 1 月 1 日正式颁布的《中华人民共和国招标投标

---

① 林泽明,钟萍. 图书馆招标采购实务[M]. 北京:中国电力出版社,2014:2.

② 中华人民共和国政府采购法[EB/OL]. [2015 - 11 - 10]. http://www.ccgp.gov.cn/zcfg/gjfg/201310/t20131029_3587339.htm.

③ 李国强. 政府采购理论与实践研究[D]. 吉林:吉林大学经济学院,2004:131—132.

④ 戴龙基. 文献资源发展政策研究[M]. 北京:北京大学出版社,2007:279.

⑤ 林泽明,钟萍. 图书馆招标采购实务[M]. 北京:中国电力出版社,2014:6.

法》(以下简称《招标投标法》),2003 年 1 月 1 日正式颁布的《中华人民共和国政府采购法》(以下简称《政府采购法》)都是我国规范政府采购行为的重要法规,极大地推动了我国政府采购的发展。特别是《政府采购法》的正式实施,标志着我国政府采购制度进入了一个新的阶段。

2. 电子资源政府采购的背景

随着《招标投标法》和《政府采购法》的颁布与普遍实施,我国实施政府采购的比例在快速增加。随着我国文化教育事业的发展,各级公共图书馆、科研机构和高校图书馆的文献建设经费逐年增长,为规范图书馆的文献采购行为,各级主管部门相继将图书馆文献采购纳入政府采购范围。

对图书馆事业来说,实行政府采购制度可以控制经费支出,节省开支,降低成本,提高采购质量,促进廉政建设。图书馆文献政府采购早期围绕着传统印刷型资源开展,随着电子资源逐渐成为图书馆文献建设的重点,电子资源的采购也和其他文献采购一样,逐步进入了政府采购的轨道。电子资源纳入政府采购的原因可以归结为以下几点:

一是规范采购行为的需要。随着政府对文化教育事业投入的增多,图书馆加大了资源购置特别是电子资源购置的力度。电子资源相对于纸质资源所需的采购经费巨大,对资源购置经费进行严格管理、规范使用成为必然。

二是相关法律法规的要求。图书馆单位性质属于事业单位范畴,电子资源是一种包含资源服务的特殊货物,电子资源采购所用经费是财政性资金,电子资源特别是外文电子资源数据库采购涉及的金额较大,鉴于以上特点,根据《招标投标法》和《政府采购法》的有关条款,图书馆电子资源采购就应该纳入政府采购范畴①。

三是防止腐败滋生的需要。近年来,图书馆资源采购活动中商业

① 杨秋实. 图书馆数字资源政府采购问题研究[J]. 图书馆工作与研究,2010,(3):42—45.

贿赂案件时有发生,已引起相关部门的高度重视,成为国家检察机关重点关注的领域和对象。引入政府采购机制,提高采购过程的透明度,借助规范的行政手段可以从某种程度上预防腐败发生。

四是提高图书馆资金使用效率的有效手段。通过竞争手段获取合作资格,有利于图书馆充分考察和对比多家供应商的综合资质,获取更多增值服务,合理利用采购经费,创造出更大的经济价值。

二、电子资源政府采购方式

根据《政府采购法》和《招标投标法》规定,政府采购方式包括公开招标、邀请招标、竞争性谈判、单一来源采购和询价采购几种方式。根据图书馆采购工作实际情况,外文电子资源采购中一般较多采用其中的公开招标、邀请招标方式和单一来源采购方式,而竞争性谈判和询价采购较少应用于外文电子资源的政府采购。

(1)公开招标。指招标人以招标公告的方式邀请不特定的法人或者组织的投标。招标人采用公开招标方式的,应当在指定的媒体发表招标通告,这种通告是表明招标具有广泛性和公开性。凡是愿意参加投标的法人或者其他组织均需在规定时间内参加资格预审,通过预审后方可购买招标文件参加投标。这种招标方式支出较大,过程耗时长。

(2)邀请招标。指招标人以投标邀请书的方式邀请三家及以上特定的法人或者其他组织的投标。由招标单位从熟悉的供应商中初步选定投标单位并征询投标意愿,确定邀请招标单位名单,发出正式邀请和招标文件,投标商递交投标文件后选定中标单位。这种方法节省招标费用且耗时较短,不仅可以缩短准备期,使采购项目更快地发挥作用,还能减少工作量,降低成本,提高工作效率。当采购项目比较复杂或特殊,招标方式不影响提供产品的供应商数量时;或采购金额较低,所需时间和费用不成比例时,可考虑此方式。

(3)单一来源采购。指只涉及一个供应商的采购,具备以下条件之一的货物或服务可以采用单一来源方式采购:只能从唯一供应商处采购；发生了不可预见的紧急情况不能从其他供应商处采购的；必须保证原有采购项目一致性或者服务配套的要求，需要继续从原供应商处添购，且添购资金总额不超过原合同采购金额百分之十的①。

电子资源是一种特殊商品，大多具有较强的独特性、唯一性和不可替代性，从出版到发行、定价都具有较高的垄断性，多数属于单一来源产品。因此，电子资源的政府采购一般涉及两个部分：一是单一来源电子资源的合同谈判，二是对国内有进出口经营权的代理公司进行资格招标。

三、电子资源的招标与评标

1. 招标流程

与一般招标类似，电子资源招标投标的程序一般包括招标、投标、开标、评标与定标。

(1)招标

由招标人或招标代理机构根据项目的需求和特点编制招标文件。招标文件要求详细、简洁、准确，全面汇总对产品或服务的各方面要求。通常包括投标邀请、投标人须知、服务内容和要求、合同样本等几个部分。

招标文件准备完成后通过网站、报刊等发布招标通告和预审通告，进行投标人资格预审。招标通告应包含招标人的名称和地址、招标项目的性质和数量、对招标项目的时间和地点要求、费用等信息。

电子资源招标准备过程中，服务内容和要求一般需有采购人员提出并编制需求报告书，这也是采购人员在招标过程中最重要的工作之一。表3－5是进行电子资源资格招标的需求报告书范文示例，可以作为采购人员的工作参考：

① 戴龙基. 文献资源发展政策研究[M]. 北京：北京大学出版社，2007：285.

表3－5　电子资源资格招标需求报告书范例

《＊＊图书馆外文电子资源采购项目需求书》
1. 进口经营单位按照采购人电子资源建设整体要求，遵循采购人采选原则，对进口电子出版物情况进行全面调研，定期、及时提供符合采购人要求的进口电子出版物目录（纸版和电子版 Excel 格式）及调研报告供采购人选择参考。 2. 进口经营单位应保证所提供的进口电子出版物符合新闻出版行政管理部门的相关规定，保证所提供进口电子出版物来源于正规渠道，不存在任何法律纠纷。 3. 进口经营单位是采购人与进口电子出版物的权利人（出版商或经营商）的中间人，对采购人拟订购的进口电子出版物，负责组织采购人同境外电子出版物的权利人（出版商或经营商）进行谈判，并提供相应服务。 4. 进口经营单位接到采购人正式订单后及时处理并反馈订单处理信息。在未征得采购人同意的情况下，不得更换采购人正式订单。收到订单两周之内向采购人反馈订单执行信息。 5. 进口经营单位负责对采购人订购的进口电子出版物进行内容审查。协助进口电子出版物的权利人完成有关进口的审批、备案工作；确保进口电子出版物内容符合新闻出版行政管理部门的要求。 6. 进口经营单位负责协助采购人草拟进口电子出版物订购合同，协助采购人完成与进口电子出版物的权利人的合同签订。 7. 进口经营单位负责办理进口电子出版物的报关、免税等手续，并承担办理进口报关手续所产生的一切费用（滞纳金、保管费等）。 8. 进口经营单位负责办理采购人订购进口电子出版物的付款。必要时，进口经营单位代采购人先行向境外企业垫付有关费用（垫付期限一般情况下不超过 30 日）。 9. 进口经营单位必须按采购人订单中的种类、数量订购进口电子出版物。对不能按时订购的进口电子出版物，采购人有权要求终止订购，因终止订购而造成的损失由进口经营单位承担。 10. 进口经营单位保证采购人订购进口电子出版物的质量，接受采购人对有质量问题进口电子出版物的调换、退订要求，由此造成的损失及费用由进口经营单位承担。 11. 进口经营单位在采购人订购的进口电子出版物服务期内，协助采购人解决各种问题，包括与进口电子出版物的权利人进行协调、纠纷处理以及索赔。 12. 除上述各条以外，进口经营单位应该根据采购人实际情况，及时向采购人提供其他相应的服务

(2)投标

投标人在资格预审通过后,应按招标通告的要求,在规定时间内向招标单位购买标书,并开始制作标书。标书内容一般包括:投标函、投标人资格、资信证明文件、投标方案和说明、投标价格、投标保证金或其他保证等。

(3)开标

公开招标中会涉及开标。招标单位在招标公告规定的时间、地点,在有投标人出席的情况下,当众拆开投标资料,宣布投标人名称和投标报价过程。开标过程有招标人、招标中介机构、评标委员会成员和投标人代表参加。

(4)评标

评标工作至关重要,关系着招标的成败,必须要由同行专家和专业管理人员组成的评标委员会进行评议。一般来说,评标委员会由5人以上的单数人员组成,其中经济、技术方面的专家不得少于成员总数的三分之二。

评标应坚持公平、公正、科学、规范的原则,坚持反不正当竞争的原则,坚持回避原则,坚持保密原则。

(5)定标

根据评标委员会的评审结果对投标人进行排序并向招标单位推荐1—3个中标候选人,由招标人从中确定中标人,在没有特殊原因的情况下以第一中标候选人为中标单位。

2. 常用评标方法

(1)综合评分法

综合评分法是指将评定中考虑的因素事先规定好等级并赋予一定的分值,对各投标人按着这些因素分别打分,评出中标单位。这种方法直观,招标书中已有明确规定,评标所费时间少。实践中的难点在于合理地确定每项指标的权数。综合评分法是目前电子资源评标方法中较为常用的一种。表3－6提供了一份综合评分法评标指标样例作为参考:

表 3－6　综合评分法评标指标样例

<table>
<tr><th rowspan="2">序号</th><th colspan="2">评分指标</th><th rowspan="2">评分标准</th><th rowspan="2">分值</th></tr>
<tr><th>一级指标</th><th>二级指标</th></tr>
<tr><td rowspan="6">1</td><td rowspan="6">商务部分（20 分）</td><td rowspan="2">企业财务状况（2 分）</td><td>良好</td><td>2 分</td></tr>
<tr><td>一般</td><td>0—1 分</td></tr>
<tr><td>企业资质情况（2 分）</td><td>根据能够证明与本项目相关的企业资质情况进行综合评审</td><td>0—2 分</td></tr>
<tr><td>拟投入团队情况（5 分）</td><td>根据为本项目配置团队的整体知识结构、专业背景、与本项目相关的业务经验及能力情况进行综合评审</td><td>0—5 分</td></tr>
<tr><td>与进口电子出版物出版机构合作情况（5 分）</td><td>根据投标人与进口电子出版物出版机构相关合作情况进行综合评审</td><td>0—5 分</td></tr>
<tr><td>类似项目业绩（6 分）</td><td>每个类似项目业绩 3 分，最多 6 分。
类似项目是指近 3 年进口电子出版物订购服务为主要内容的项目，业绩数量以投标人提供的合同或其他有效证明文件复印件为准</td><td>0—6 分</td></tr>
<tr><td>2</td><td>投标报价部分（30 分）</td><td colspan="2">满足招标文件要求且投标价格最低的投标报价为评标基准价，其报价得分为满分。其他投标人的报价得分统一按照下列公式计算：投标报价得分＝（评标基准价/投标报价）×30% ×100</td><td>最高 30 分</td></tr>
</table>

续表

序号	评分指标		评分标准	分值
	一级指标	二级指标		
3	技术部分（50分）	调研方案（15分）	进口电子出版物调研方案合理，完善	12—15分
			进口电子出版物调研方案较合理，较完善	6—11分
			进口电子出版物调研方案一般	0—5分
		采集方案（15分）	进口电子出版物采集方案合理，完善	12—15分
			进口电子出版物采集方案较合理，较完善	6—11分
			进口电子出版物采集方案一般	0—5分
		保障方案（10分）	根据进口电子出版物订购服务过程中可能出现问题及纠纷所提出的应对方案情况，方案合理，完善	8—10分
			根据进口电子出版物订购服务过程中可能出现问题及纠纷所提出的应对方案情况，方案较为合理，较为完善	4—7分
			根据进口电子出版物订购服务过程中可能出现问题及纠纷所提出的应对方案情况，方案一般	0—3分
		其他服务方案（5分）	根据进口电子出版物订购服务过程中所提供的其他相关服务方案情况，方案合理，完善	5分
			根据进口电子出版物订购服务过程中所提供的其他相关服务方案情况，较为完善	3—4分
			根据进口电子出版物订购服务过程中所提供的其他相关服务方案情况，方案一般	0—2分
		现场陈述（5分）	评委根据现场陈述情况酌情给分	0—5分

(2)其他

除最常用的综合评分法以外,电子资源招标还可能涉及以下评标方法:

综合评议法:由评标委员会按照招标文件要求,通过技术评审、商务评审,运用经验进行评审,选择对招标人最为有利的投标人作为中标人。

最低投标报价法:招标委员会按照招标文件,通过技术评审、商务评审,以及投标价格因素作为主要评标因素,从投标价格最低的投标人开始选择。

合理最低评标价法:根据招标文件,将影响中标的因素都折算成一定的货币值,计入投标价格中,以综合最低价位标准确定中标人。有不少世界组织和国家采用合理最低评标价法。

3. 政府采购合同的签订与履行

招标单位选定中标单位后,书面通知所有投标人,并按照招标文件规定与中标单位签订合同。合同一经签订,双方必须认真履行,任何一方违约,都要承担经济、法律责任。如果中标单位因某种原因不签署合同,则招标单位没收全部履约保证金,不予退还。

在图书馆与电子资源采购服务中标人签订的政府采购合同中,应注意包含以下几点内容:

(1)合同的生效时间;

(2)对照招标需求,明确中标人应提供的服务和工作内容;

(3)对外汇汇率的约定;

(4)违约责任的认定和违约解决方式;

(5)对履约保证金的额度和支付、退还机制的约定。

附录1提供了一份电子资源政府采购的合同样本以供参考。

第四章　电子资源的馆藏评价

第一节　馆藏评价概述

一、馆藏评价概述

馆藏评价是对图书馆现有的馆藏体系所具有的各个属性进行检测和评定，包括对馆藏数量、馆藏结构、馆藏本身的学术价值以及馆藏使用效果等各个指标进行综合分析与总体评价。通过馆藏评价，图书馆可以了解馆藏发展是否符合本馆的方针任务，是否可以满足读者对文献信息的需求，是否可以指出图书馆本身机构的教育及科研，对图书馆过去各个时期的馆藏发展状况进行回顾与总结，以便更好地进行馆藏建设。

馆藏评价是图书馆内部的控制工具。随着各种新技术的应用，文献资源的价格逐年上涨，有限的采购经费和读者日益增大的文献信息需求量成为图书馆内部的突出矛盾。因此图书馆的决策者需要掌握客观的、标准化的馆藏状况，以便做出正确的判断与决策。通过持续和定期的馆藏评价，可以确保馆藏文献资源的有效利用。

馆藏评价是经费申请的有效依据。由于图书馆投入经费的持续增加，尤其是管理成本和服务成本的提高，使经费成为资源建设的瓶颈。因此通过馆藏评价，图书馆可以及时调整馆藏建设格局，保证经费使用效益最大化，同时将馆藏评价作为对馆藏情况的客观描述，可以向上级单位证明馆藏的存在价值以及图书馆管理是否符合成本效益。

电子资源的出现和飞速发展，改变了图书馆的馆藏模式，传统的馆藏结构受到了很大的冲击，呈现出了实体馆藏和数字馆藏并存的馆藏格局，这种格局使图书馆的服务更加复杂和多元，决策者需要通过馆藏评价来了解新的馆藏格局对读者从事科学研究、教学、学习的支持程度。

二、电子资源馆藏评价

电子资源的馆藏评价是图书馆对馆藏的电子资源的品种、类型及其本身学术价值等属性进行检测、评定，得出电子资源馆藏基本情况的综合评价。

近年来，随着网络和计算机技术的发展，图书馆采购的电子资源越来越多，逐步取代了部分印刷型文献的订购，电子资源在馆藏发展中逐步占据了重要的地位。无论是采购新的电子资源，还是续订/维护已有的电子资源，都需要对电子资源进行选择评价，通过对电子资源的评估使得电子资源建设合理化、科学化。

电子资源馆藏评价的意义有以下几方面：

(1)电子资源的馆藏评价有利于确定电子资源的内容是否符合本馆用户需求、是否具有权威性及是否适合停订或续订。

(2)电子资源的馆藏评价有利于促进电子资源的整体优化建设，适时调整学科分布以及各类型数据库之间的比例分布，使其结构逐步优化，更大程度地符合用户需要。

(3)电子资源的馆藏评价还有利于提高电子资源的利用率，通过对电子资源结构的调整和使用情况的分析，促进检索服务、咨询服务、培训服务的开展，使电子资源及其服务更符合用户需要，从而提高其利用率，降低成本。

(4)电子资源的馆藏评价有利于了解用户需求，用户使用情况统计报告可以准确地反映出用户对电子资源的学科、类型和软硬件环境的需求，图书馆可以据此调整建设方向和服务内容。

(5)电子资源馆藏评价有利于促进各方面服务的提高。这种评价包括出版商对图书馆和图书馆对最终用户的服务的评价，对电子资源的采购以及图书馆如何开展服务都具有很大的影响力。

(6)电子资源的馆藏评价有利于平衡不同载体类型的文献资源建设,使实体资源和电子资源有机结合。例如取代部分印刷型检索工具和期刊的订购,根据电子期刊按刊名统计的使用情况订购外文期刊等,使实体资源与数字资源的建设逐步结合,更科学、合理、整体化地发展图书馆馆藏。

第二节　电子资源馆藏评价的指导原则及方法

一、电子资源馆藏评价的指导原则

电子资源馆藏评价工作应坚持“立足馆情,面向发展,实事求是,科学评价”的指导思想,遵循以下基本原则:

(1)客观评价。应针对图书馆的性质、职能、任务和现实情况,根据评价工作的实际需要,建立适用的评价指标体系和科学的评价办法,力求评价结果客观、全面,为信息资源建设工作提供科学参考与导向。

(2)系统评价。应将电子资源与其他各类型馆藏文献信息资源的评价工作综合考虑,对各个组成要素进行检测、评定的基础上,重在综合分析和考查其质量和效益;还应强调本馆与其他文献信息资源系统之间的合作与共享。

(3)动态评价。评价工作应从有利于本馆馆藏资源建设可持续发展的角度出发,制定科学的规划,确定合理的周期,既要重视对馆藏资源建设现状的客观评价,更要致力于对馆藏发展过程及其发展趋势的动态分析。根据实际需要,评价工作可分阶段、分步骤地展开。

(4)科学评价。应根据电子资源的特点,确定适用的评价指标,选择适用的评价方法,要重视不同评价环节中不同评价方法的配套使用,重视不同评估指标与不同评估方法的有机整合。

二、电子资源馆藏评价的方法

电子资源的馆藏评价在许多方面与印刷型文献的评价方法相同，如文献计量法、馆藏结构分析法、引文分析法和读者调查方法等。但由于电子资源与印刷型文献有很多不同的特点，因此需要采用专门的针对电子资源的评价方法。

一般较为通行的馆藏评价方法有定量和定性的方法，以内部评价和外部评价（包括同行评价和用户评价）相结合的方式进行。

内部评价主要依据客观数据进行定量评价，客观数据的获取方法主要采用系统生成法、人工记录法、书目核对法、馆藏清点法、文献调查法等。

外部评价则主要依据同行业专家或用户的主观判断进行定性评价，其中馆藏服务中能被用户感知的指标由用户进行评价，专业性、学术性较强的指标由同行业专家进行评价。专家评价意见的获取方法主要有直接观察法、座谈访问法等；用户评价意见的获取，则以在配额抽样基础上的问卷调查方法为主。

此外，常用的评价方法还有以下几种：

(1)清单查证法

清单查证法就是将现有馆藏的信息资源与特定的文献信息资源的书目或列表进行比对，以估算出文献信息的覆盖情况和质量状况。图书馆可以将比对的结果作为衡量文献信息资源质量的依据，也可以根据书单上的覆盖率来衡量馆藏的满足率。

运用清单查证法进行电子资源的馆藏评价时应注意清单应与电子资源规划保持一直并服从于电子资源建设的总体目标。清单查证法有一定的局限性，一般清单的具体内容具有特殊性而不具备普遍性，任何清单都不可能是权威的和绝对正确的，清单的内容往往不会顾及特定图书馆的特色资源要求。但是清单查证法有利于指导电子资源的补藏，能强化图书馆间数字资源共知、共建和共享。

(2)专家评价法

专家评价法就是借助专家对现有的电子资源馆藏情况进行评价。具体而言,就是根据图书馆电子资源馆藏的实际情况及电子资源的整体规划和建设目标,提供关于电子资源满足用户需求方面的报告。报告包含对电子资源整体馆藏情况的调研或对特定资源馆藏情况的调研。专家通过评估指标,获取相关评估数据,分析并提交评估建议。专家评价法可以较为准确的衡量电子资源的质量,揭示资源的深度、广度,进而明确电子资源馆藏的优势和不足。

(3)链接分析法

链接分析法就是通过分析电子资源被其他电子资源链接的情况,来测定电子资源的重要性,从而可以帮助确定馆藏核心资源,为馆藏评价提供依据。链接分析法与传统资源的引文分析法相同。

链接分析法通过电子资源导航或链接统计有关资源出现的频次,按照访问次数排序来确定常用的电子资源,可统计电子资源的使用人数、文章被访问和下载的次数以及超文本链接次数。并借鉴引文分析法,对电子资源的被引频次、影响引子做出客观公正的评价。

(4)元数据评价法

元数据评价法与其说是图书馆数字资源建设质量评价方法不如将其看作一种图书馆数字资源建设质量评价模式。元数据包括描述性元数据和评价性元数据。描述性元数据用于电子资源描述和定位评价,特别是网络数字资源,如都柏林核心集(Dublin Core Element Set);评价性元数据用于电子资源的发现与评价,如因特网内容选择平台(PICS)。PICS 是将网络数字资源和元数据相结合的基础结构,在 PICS 中数字资源被加入内容描述和评估分级的元数据用户计算机的过滤软件在后台进行处理,根据评价性元数据过滤掉用户不需要的资料或者指导用户到达他们可能会感兴趣的站点图。

以元数据为基础的数字资源评价实质上是对数字资源进行认证的过程。其成功在很大程度上依赖于数字资源提供者能否主动参与认证和用户对认证机构、评价标准、认证结果的信赖程度。

第三节 电子资源馆藏评价指标因素

一、电子资源馆藏评估的内容

电子资源馆藏评估包含众多的内容,《CALIS 数字资源评估指标体系》中指出电子资源的评估内容应该包含以下几方面:

(1)数量和规模评估:是衡量数字资源文献保障能力的基础。与传统印刷型资源不同,数字资源的计量比较复杂,其中包括对各种类型的资源品种和数量的计量,应当尽可能地规范、准确、客观。

(2)内容与质量评估:主要是测评数字资源的学术性、权威性、完整性、时效性等方面。

(3)体系与结构优化评估:目的是衡量数字资源体系结构是否合理,结构的构成成分和各成分所占的比重是否科学合理,是考察资源配置布局是否得当的重要指标。具体包括:学科结构、类型结构、级别结构、文种结构、媒介结构和来源结构等。

(4)数字资源获取与信息组织能力评估:通过信息的有效组织、揭示和技术服务,可以提高资源的易用性和可获取性,达到资源的有效利用。比如资源的检索系统、检索功能、检索技术是否先进并且易用,数据库商/出版商是否提供有效的技术服务,图书馆是否提供统一检索平台,是否能实现二次文献和一次文献、参考文献和原文的链接和调度功能,与传统印刷资源的整合状况以及与馆际互借等服务的整合状况等。评估自建资源还要考察数据是否达到规范和实现标准化,评估是否有科学有效的信息描述与数据处理方法。

(5)可持续发展能力评估:数字资源不同于传统印刷型资源,其最大特点是数字资源以虚拟的形式存在,而非实体资源。很多商业出版的数字资源一般只提供使用权、租用权而没有拥有权。因此对用户来说,如何保障数字资源的可持续发展是越来越值得关注的问题。具体包括:资源发展战略评估、永久使用评估、存档等。

(6)效益评估:指对资源的投入和产出效益进行评估,在引进数字资源时,这个指标往往是决定是否订购或进行调整的关键性指标。在自建资源方面,这个指标则决定是否投资建设。具体包括:资源的经费投入、资源的使用情况、成本核算和文献保障率等。

(7)资源共享能力评估,包括资源共享评估和服务共享评估。例如通过参加 CALIS 的项目,资源的数量和服务方式的变化状况,经费和成本是否有一定程度的节约等。

二、电子资源馆藏评估的相关指标

1. 馆藏建设

馆藏建设主要指数据库数量、数据库结构及数据库质量状况。

(1)数据库数量

数据库数量主要包含数据库总量和数据库内容单元数量,共 2 个指标。

①数据库总量

数据库总量主要指通过购买、许可授权、捐赠、呈缴、交换等方式获得使用权或保存权的数据库的数量,不区分经费来源。

数据库总量主要用来评估图书馆拥有或获得许可授权的外购数据库的总体规模,以及用户的实际可获得性。适用于外购数据库的整体评价。

常用的数据库总量的评价方法:定量评价方法。对外购数据库总量进行客观统计,将描述材料提供给专家进行综合评估。

②外购数据库内容单元数量

外购数据库内容单元数量主要指外购数据库中包含的图书、期刊、报纸、学位论文、会议论文、工具书、年鉴、标准、专利、方志、手稿、实物影像、拓片、照片、美术作品、讲座/报告/课程、纪录片、音乐、有声读物、免费网络资源和其他类型内容单元的数量。

外购数据库内容单元数量主要用来评估图书馆外购数据库中拥有或获得许可授权的各类型内容单元的规模,以及用户的实际可获得性。适用于外购数据库的整体评价和复合型单体资源库评价。

常用的外购数据库内容单元数量的评价方法:定量评价方法。对外购数据库各种类型内容单元数量进行客观统计,将描述材料提供给专家进行综合评估。

(2)数据库结构

数据库结构主要包含数据库类型结构、学科结构、语种结构、载体结构及发布结构,共5个指标。

①类型结构

类型结构主要指外购的全文数据库、文摘/索引数据库、数值/事实数据库、多媒体数据库、工具型数据库、复合型数据库分别占有的比重。

类型结构主要用来评估图书馆外购数据库中拥有或获得许可授权的不同类型结构数据库规模,作为调整资源布局和外购政策的参考。适用于外购数据库的整体评价。

常采用的评估方法:定量评价方法。对外购数据库各种类型内容单元数量进行客观统计,将描述材料提供给专家进行综合评估。统计数据由数据库购买部门提供,如涉及多个部门,按各部门汇总情况进行描述。

②学科结构

学科结构主要指内容主题为人文社科类、科学技术类、综合类的外购数据库分别占有的比重。

学科结构主要用来评估图书馆外购数据库中拥有或获得许可授权的不同学科结构数据库规模,作为调整资源布局和外购政策的参考。适用于外购数据库的整体评价。

常用的评价方法:定量评价方法。对外购数据库各种类型内容单元数量进行客观统计,将描述材料提供给专家进行综合评估。统计数据由数据库购买部门提供,如涉及多个部门,按各部门汇总情况进行描述。

③语种结构

语种结构主要指外购的中文数据库、英文数据库和其他语种数据库分别占有的比重。

语种结构主要用来评估图书馆外购数据库中拥有或获得许可授权的不同语种结构数据库规模,作为调整资源布局和外购政策的参考。适用于外购数据库的整体评价。

常采用的评估方法:定量评价方法。对外购数据库各种类型内容单元数量进行客观统计,将描述材料提供给专家进行综合评估。统计数据由数据库购买部门提供,如涉及多个部门,按各部门汇总情况进行描述。

④载体结构

载体结构主要指通过镜像服务器、外部服务器、单机工作站提供访问服务的外购数据库分别占有的比重。

载体结构主要用来评估保存和服务模式的合理性,作为调整外购政策和服务基础设施的参考。适用于外购数据库的整体评价。

常用的评估方法:定量评价方法。对外购数据库各种类型内容单元数量进行客观统计,将描述材料提供给专家进行综合评估。统计数据由数据库购买部门提供,如涉及多个部门,按各部门汇总情况进行描述。按评估周期内实际提供服务的载体进行评估,不考虑采购合同的约定。

⑤发布结构

发布结构主要指通过局域网、互联网、数字电视、移动通讯、专用网络、光盘和其他方式访问的外购数据库分别占有的比重。

发布结构主要用来评估图书馆外购数据库中拥有或获得许可授权的不同发布结构数据库规模,作为调整资源部署和外购政策的参考。适用于外购数据库的整体评价。

发布结构常采用的方法:定量评价方法。对外购数据库各种类型内容单元数量进行客观统计,将描述材料提供给专家进行综合评估。统计数据由数据库购买部门提供,如涉及多个部门,按各部门汇总情况进行描述。按评估周期内实际的发布情况进行评估,不考虑采购合同的约定。通过多种方式发布的数据库,分别计入本类发布方式。

(3)数据库质量

数据库质量包含内容完整性、核心资源收录能力、资源重复率、资源时效性、资源规范性、资源保障能力共6个指标。

①内容完整性

内容完整性主要指评价对象所收录文献内容的完整程度,综合考虑收录文献的时间范围、地域范围、学科范围以及连续性内容收录的完整程度。

内容完整性主要用来评估外购数据库收录文献内容的完整程度,作为调整采购政策的参考。适用于外购数据库的整体评价和单体资源库评价。

常用的评估方法:定量统计和专家评价相结合的方法。主要对馆藏内容完整性做客观统计和描述,将描述材料提供给专家进行综合评估。统计数据由该资源的建设部门提供,以实施评估时数据库发布平台的最新统计数据为准。内容完整性的评价要素包括时间范围、地域范围、学科范围与连续性内容收录完整程度等。时间范围是指收录文献的出版或发表的时间区间,地域范围是指收录文献的出版机构分布的地域范围,学科范围是指收录文献的内容所属的学科,连续性内容收录的完整程度是指期刊、报纸等连续出版物的完整程度。

②核心资源收录

核心资源收录能力是指符合图书馆馆藏发展目标的核心资源或重要资源的收录情况。

核心资源收录能力主要用来评估外购数据库收录文献内容与本馆馆藏发展目标、馆藏建设重点等的匹配性,作为调整采购方案的参考。适用于外购的单体数据库评价。

常采用的评估方法:定量统计和专家评价的方法。首先要统计和描述数据库所收录内容资源的情况,然后向专家说明图书馆的馆藏发展目标、馆藏建设重点以及馆藏服务对象,确定图书馆的核心资源范围,最终通过专家评价确定外购数据库内容与本馆馆藏发展目标以及馆藏建设重点的匹配程度。数据库统计和说明由该资源的建设部门提供,以实施评估时数据库发布平台的最新统计数据为准。

描述核心资源收录能力的参考因素有:符合馆藏文献资源采选要求的情况;符合本馆服务对象需求的情况;符合本馆重点项目建设要求的情况;被各类型权威索引、文摘或书目库收录的资源比例,被认定为核心的期刊资源比例、资源的学科影响力、资源的出版机构等。

③资源重复率

资源重复率主要指评价对象所收录文献内容中,与其他单体资源库或馆藏中相同类型纸本文献相比,一致性内容所占有的比重。

资源重复率主要作为调整馆藏资源布局和采购政策的参考,适用于外购单体资源库评价或单一类型资源库群的整体评价。

资源重复率常采用的评估方法:定量统计和专家评价相结合的方法。首先分别统计评价对象所收录文献内容的重复率,然后将相关数据提供给专家作为评价参考。统计数据由该资源的建设部门和同类型纸本文献的建设部门共同提供,以实施评估时数据库发布平台的最新统计数据为准。对于单体资源库来说,资源重复率包括与馆藏内同类型的其他外购单体资源库的文献内容重复率,以及与馆藏纸本文献资源之间的内容重复率;对于单一类型数据库群(例如:若干期刊数据库)时,要统计评价对象所包含各单体资源库之间的内容重复率,以及去重后的内容与馆藏纸本文献的重复率。上述计算以“种”作为统计维度,更名资源按照不同名称作为多种资源进行考虑,但特殊情况除外。

④资源时效性

资源时效性是指评价对象所包含资源内容在时间维度上的价值差别。

该指标主要反映外购数据库内容的新颖性和准确性。适用于外购单体数据库评价。

常采用的评估方法:定量统计和专家评价相结合的方法。首先要统计和描述数据库所收录内容的资源更新频率、与纸质出版物的时滞情况、资源的时间背景等信息,然后将相关信息提供给专家作为参考,通过专家评价确定对其资源时效性是否满意。其中,更新频率包括资源内容的更新频率以及数据库平台和技术升级的频率。

⑤资源规范性

资源规范性主要指评价对象的元数据、对象数据、数据结构以及数据接口的规范程度。

资源规范性主要为馆藏资源的整合与发布服务提供参考。适用于外购单体资源库评价。

常用的评估方法:定性描述和专家评价相结合的方法。首先要综合考虑评价对象元数据、对象数据、数据结构以及数据接口的规范程度,并对其进行综合描述,然后将描述材料提供给专家作为满意度评价的参考。分别考虑评价对象的规范与本馆规范、国际国内相关标准以及行业惯例的差异,综合评价资源规范性。

⑥资源保障能力

资源保障能力主要指评价对象对本馆、本系统以及国内图书馆界外购数据库的补充和保障情况。

资源保障能力主要为馆藏资源建设与共享服务提供参考。适用于外购单体资源库评价。

常采用的评估方法:定性描述和专家评价相结合的方法。首先全面描述评价对象的整体情况,说明资源内容、学科覆盖情况、内容单元数量、内容完整性等质量性的指标;综合考虑本馆、本系统乃至国内图书馆界外购数据库的整体情况,分析评价对象采购与否与本馆、本系统乃至国内图书馆界数据库的补充与保障作用。

2. 馆藏服务

馆藏服务主要指供应商服务、图书馆服务以及数据库使用等方面内容。

(1)供应商服务

供应商服务主要包含数据库平台易用性、供应商用户培训服务能力、平均故障时间、故障响应和处理能力、统计数据提供能力、元数据库提供能力共6个指标。

①平台易用性

平台易用性主要指评价对象通过数据库平台对文献资源进行组织与揭示结果,使用户达到使用资源目标的容易程度。

平台易用性主要用来评估资源提供商设计的数据库平台易用程度,有助于数据库提供商改进设计,同时为本馆开展资源整合提供参考。适用于外购数据库的整体评价和单体数据库评价。

常用的评估方法:定量和定性相结合的评价方法。首先对数据库平台易用性和资源可获得性进行整体描述。由数据库建设部门负责对平台易用性进行整体描述。平台易用性的评价要素主要包括:数据库平台上资源的组织与分类情况;数据库平台检索技术、检索功能、检索系统、检索结果输出情况;数据库平台提供使用帮助、导航界面、个性化设置的情况;数据库平台上对相关资源的链接与调度情况;数据库内容资源与馆藏其他类型资源以及馆藏服务的整合情况等。

②用户培训服务能力

用户培训服务能力主要指资源提供商提供的针对图书馆员和图书馆用户的培训服务的能力。

用户培训服务能力有助于评估资源提供商的培训服务能力,督促数据库提供商改进服务。适用于外购数据库的整体评价和单体数据库评价。

常采用的评估方法:定量和定性相结合的评价方法。分别进行针对图书馆员和图书馆用户的培训服务能力评价,综合考虑资源提供商提供的用户培训服务相关要素。用户培训服务能力的评价要素包括:培训频率、单次时长、培训方式、培训内容、培训范围和培训规模、培训效果、培训响应程度等。培训频率和单次时长以固定周期内各类型培训的平均频率和平均单次时长计算;培训方式包括到馆培训、文档培训、网络培训等各种方式;培训内容指培训的主题、培训范围是指培训所覆盖的用户群体范围;培训规模是指单次培训的用户平均规模(网络培训以平均点击量来计算);培训效果指单次培训是否可以满足图书馆员的管理需要、使用需要等,也指是否可以满足图书馆用户的使用需要等;培训响应度指资源提供商是否能响应图书馆提出的培训要求,响应的速度如何、响应的效果如何。其中培训方式、培训内容、培训效果、培训响应度为定性要素,其余为定量要素。

③平均故障时间

平均故障时间主要指在统计周期内,单个评价对象在提供服务中两次相邻故障之间的平均时长。

平均故障时间有助于评估资源库的可靠性,督促外购数据库商改进服务,提高图书馆的数据库服务能力。适用于外购数据库的整体评价和单体数据库评价。

常采用的评估方法:定量的评价方法。评价对象由于资源内容、数据库功能、数据库商服务问题而引发的用户层面故障和管理层面故障均纳入故障时间统计,统计数据由资源库的管理部门提供。平均故障时间的评价要素包括评价对象提供服务的总时间、发生故障的次数、两次相邻故障之间的时间。若评价对象涉及多个数据库,分别统计数据库的故障时间,并计算统计周期内的平均故障时间。

④故障响应和处理能力

故障响应和处理能力主要指评价对象对于各种故障的响应能力和解决能力。

故障响应和处理能力有助于督促数据库商改进服务,从而提高图书馆数据库服务水平。适用于外购数据库的整体评价和单体数据库评价。

常采用的评估方法:定量和定性相结合的评价方法。综合考虑评价对象对故障的响应时间、解决时间、解决方式和解决效果。故障响应和处理能力的评价要素包括资源提供商对故障的响应时间、解决时间、解决方式和解决效果。响应时间指资源提供商获知故障后到做出响应,提出初步行动计划的间隔时间,以小时计算;解决时间指资源提供商完全将故障处理完,实现资源库的正常服务的间隔时间,以小时计算;解决方式指资源提供商解决故障的方式,是否恰当合适;解决效果指资源提供商对故障处理后,是否对正常的服务有影响,是否对未来的服务有影响、是否能维持资源库的稳定运行。其中，解决方式和解决效果为定性要素，响应时间和解决时间为定量要素。

⑤统计数据提供能力

统计数据提供能力主要指评价对象能够提供用户使用数据的能力。

统计数据提供能力有助于及时获得可靠的统计数据，为馆藏建设和服务提供参考。适用于外购数据库的整体评价和单体数据库评价。

常用的评估方法：定量和定性相结合的评价方法。综合考虑资源提供商提供统计数据的相关要素。统计数据提供能力的评价要素包括统计数据提供与否、统计数据提供周期、统计数据规范性、统计数据准确性、统计数据连续性。统计数据提供与否指是否能够提供统计数据；统计数据提供周期指两次提供统计数据的时间间隔，以月为单位；统计数据规范性指统计数据是否可以满足图书馆的统计要求、与国际国内统计标准的匹配程度；统计数据准确性指统计数据是否正确；统计数据连续性指是否可以持续提供统计数据。其中，统计数据提供与否、统计数据规范性、统计数据准确性、统计数据连续性为定性要素，统计数据提供周期为定量要素。

⑥元数据提供能力

元数据提供能力主要指除提供支持数据库日常服务的数据以外，评价对象为本馆单独提供所采购资源的元数据的能力。

元数据提供能力为图书馆数据整合提供支持，作为制定数据库采购和服务政策的参考。适用于外购数据库的整体评价和单体数据库评价。

常采用的评估方法：比较评价和专家评价相结合的方法。要对评价对象的元数据提供能力做客观统计和描述。元数据提供能力的评价要素包括：提供机制、提供方式、数据数量、数据质量、更新机制、数据规范性。提供机制指评价对象是否提供元数据；提供方式指以何种方式、途径提供元数据，是否需要付费；数据数量指提供的元数据数量，占所采购的资源库的百分比；数据质量指元数据与本馆需求的匹配程度;更新机制指是否提供更新,更新是否及时、如何更新,是否自动更新;数据规范性指是否符合本馆标准规范、是否符合国际国内标准规范。

(2)图书馆服务

图书馆服务主要包含:用户培训服务能力、宣传推广、故障响应和处理能力和用户满意度,共4个指标。

①用户培训

用户培训主要指由图书馆组织的针对用户的数据库培训服务。

用户培训有助于评估图书馆面向用户开展的数据库培训服务,作为图书馆改进和优化服务的依据。适用于外购数据库的整体评价。

常用的评估方法:定量和定性相结合的评价方法。用户培训的评价要素包括:培训频率和单次时长、培训方式、培训内容、培训范围和培训规模等。培训频率和单次时长以固定周期内各类型培训的平均频率和平均单次时长计算,培训方式包括到馆培训和网络培训等各种方式,培训内容指培训的主题,培训范围是指培训所覆盖的用户群体范围,培训规模是指单次培训的用户平均规模(网络培训以平均点击量来计算)。其中培训方式和培训内容为定性要素,其余为定量要素。

②宣传推广

宣传推广主要指图书馆对数据库资源的宣传推广情况。

宣传推广有助于了解图书馆针对数据库资源的宣传推广情况,为图书馆改进和优化服务提供参考。适用于外购数据库的整体评价。

宣传推广常采用的评估方法:定性描述和专家评价相结合的评价方法。首先将图书馆针对数据库资源的宣传推广情况进行综合描述,并将描述材料提供给专家作为满意度评价的参考。宣传推广的评价要素包括:是否在用户服务平台上准确揭示资源以及揭示维度、宣传推广的入口多样性与重复频率、用户服务界面友好程度等。

③故障响应和处理能力

故障响应和处理能力主要指图书馆对于各种故障的响应和解决能力。

故障响应和处理能力有助于促进图书馆减少馆内系统故障，提高图书馆数据库服务水平。适用于外购数据库的整体评价和单体库评价。

故障响应和处理能力常采用的评估方法：定性描述和专家评价相结合的评价方法。首先将图书馆针对数据库资源的故障响应和处理情况进行综合描述，并将描述材料提供给专家作为满意度评价的参考。图书馆故障响应和处理能力主要针对图书馆可处理的故障事件进行评价，综合考虑图书馆对故障的响应时间、解决时间、解决方式和解决效果，重点评价镜像数据故障处理的能力。针对远程服务的资源库，故障响应与处理能力主要是考察图书馆对故障的响应时间以及对解决效果的跟进情况。

④用户满意度

用户满意度主要指用户对图书馆所提供的外购数据库服务的满意程度。

用户满意度有助于图书馆改进工作，提高服务水平。适用于外购数据库的整体评价。

用户满意度常采用的评估方法：用户调研的方式。通过用户调研获取用户对于图书馆在外购数据库服务方面的满意度。用户满意度的考察因素包括：图书馆宣传推广、用户培训、故障响应等方面。

(3)数据库使用情况

数据库使用情况主要包含访问量、单次访问成本、被拒访问量、检索量、单次检索成本、下载量、单次下载成本，共7个指标。

①访问量

访问量是指统计周期内，用户访问数据库的次数。

访问量有助于了解用户使用情况，作为图书馆调整采购政策的参考。适用于单体数据库评价。

该指标由负责资源建设的部门制定本馆的统计标准，并对不同来源的统计数据进行规范，使用规范数据进行评价。按照不同访问方式，分别统计评价对象的访问量，并根据评价目的选择使用统计数据。

以数据库提供者和服务器日志为数据主要来源,以抽样调查和估算数据为数据辅助来源。

②单次访问成本

单次访问成本主要指在统计周期内,用户每次成功访问数据库所产生的资源成本。

单次访问成本有助于了解用户使用情况,为调整资源布局和制定采购政策提供参考。适用于单体数据库评价。

该指标常用的评价方法:定量评价和专家评价相结合的方法。由资源建设的部门计算评价对象的单次访问成本,并提供给专家进行综合评估。计算公式如下:

以许可授权方式采购的评价对象:

单次访问成本=统计周期内支付的资源成本/统计周期发生的访问量

以购买(买断)方式采购的评价对象:

单次访问成本=已支付资源成本/采购以来历年访问量之和

③被拒访问量

被拒访问量主要指统计周期内,用户请求访问数据库时,由于超过并发用户限制而被拒绝的次数。

被拒访问量有助于了解用户使用情况,作为图书馆调整采购政策的参考。适用于单体数据库评价。

评价方法:由资源建设的部门制定本馆的统计标准,并对不同来源的统计数据进行规范,使用规范数据进行评价。按照不同访问方式,分别统计评价对象的被拒访问量,并根据评价目的选择使用统计数据。以数据库提供者和服务器日志为数据主要来源,以抽样调查和估算数据为数据辅助来源。

④检索量

检索量主要指统计周期内,用户使用数据库检索功能的次数。

检索量有助于了解用户使用情况,作为图书馆调整采购政策的参考。适用于单体数据库评价。

评价方法:由资源建设的部门制定本馆的统计标准,并对不同来源的统计数据进行规范,使用规范数据进行评价。按照不同访问方式和数据库类型,分别统计评价对象的检索量,并根据评价目的选择使用统计数据。以数据库提供者和服务器日志为数据主要来源,以抽样调查和估算数据为数据辅助来源。

⑤单次检索成本

单次检索成本主要指在统计周期内,用户每次检索数据库所产生的资源成本。

单次检索成本有助于了解用户使用情况,为调整资源布局和制定采购政策提供参考。适用于单体数据库评价。

该指标常用的评价方法:定量评价和专家评价相结合的方法。由资源建设的部门计算评价对象的单次检索成本,并提供给专家进行综合评估。计算公式如下:

以许可授权方式采购的评价对象:

单次检索成本=统计周期内支付的资源成本/统计周期发生的检索量

以购买(买断)方式采购的评价对象:

单次检索成本=已支付资源成本/采购以来历年检索量之和

⑥下载量

下载量是指统计周期内,用户成功请求评价对象的一个内容单元或描述性记录的次数。

下载量有助于了解用户使用情况,作为图书馆调整采购政策的参考。适用于单体数据库评价。

该指标的常用评估方法:由负责资源建设的部门制定本馆的统计标准,并对不同来源的统计数据进行规范,使用规范数据进行评价。按照不同访问方式和数据库类型,分别统计评价对象的检索量,并根据评价目的选择使用统计数据。以数据库提供者和服务器日志为数据主要来源,以抽样调查和估算数据为数据辅助来源。

⑦单次下载成本

单次下载成本是指在统计周期内,用户每次下载文献所使用的资源成本。

单次下载成本有助于了解用户使用情况,为调整资源布局和制定采购政策提供参考。适用于单体数据库评价。

该指标常用的评估方法:定量评价和专家评价相结合的方法。由负责资源建设的部门计算评价对象的单次下载成本,并提供给专家进行综合评估。计算公式如下:

以许可授权方式采购的评价对象:

单次下载成本 = 统计周期内支付的资源成本/统计周期发生的下载量

以购买(买断)方式采购的评价对象:

单次下载成本 = 已支付资源成本/采购以来历年下载量之和

3. 馆藏管理

馆藏管理主要指数据库组织、数据安全和存档方式等方面内容。

(1)数据库组织

数据库组织主要包含检索功能完整性、检索结果处理能力、检索平台效率、信息资源组织能力,共4个指标。

①检索功能完整性

检索功能完整性是指数据库检索功能的相对完整程度。

检索功能完整性有助于为馆藏资源自建、馆藏体系优化以及资源整合提供参考。适用于外购数据库的整体评价。

该指标常用的评估方法:比较评价和专家评价相结合的方法。要对资源库的检索功能完整性做客观统计和描述。检索功能完整性的评价要素包括:检索功能完整性、单项检索功能完整性、检索字段完整性。检索功能完整性指资源库具备哪些检索功能,是否涵盖主流的检索功能;单项检索功能完整性指浏览、简单检索、高级检索每一项检索功能,是否涵盖这项功能主流的功能;检索字段完整性指资源库提供的检索字段是否涵盖主流的检索字段。

②检索结果处理能力

检索结果处理能力是指评价对象对检索结果的各项处理能力。

检索结果处理能力有助于为馆藏资源自建、馆藏体系优化以及资源整合提供参考。适用于外购数据库的整体评价。

该指标常用的评估方法:比较评价和专家评价相结合的方法。检索结果处理能力的评价要素包括:显示格式、排序方式、命中数量显示、关联检索、相关信息链接、用户设置功能、检索历史记录。显示格式指检索结果以何种格式显示,是否较好地满足用户的需要;排序方式指检索结果显示的排序方式、检索结果处理的排序方式,是否能准确满足用户的检索需求;命中数量显示指是否有检索命中数量显示,是否可以对检索结果列表进行跳转等;关联检索指在检索结果基础上是否提供二次、三次检索服务;相关信息链接指是否有与检索相关的关联信息链接、显示等服务;用户设置功能指是否有可让用户进行设置的个性化功能;检索历史记录指是否有对以往的检索进行记录,方便今后的再次操作。

③检索平台效率

检索平台效率主要是指检索平台的稳定性、检索技术的先进性、检索结果的准确性、平均检索速度等相关要素所反映的总体效率。

检索平台效率有助于为馆藏资源自建、馆藏体系优化以及资源整合提供参考。适用于外购数据库的整体评价。

该指标常用的评估方法:比较评价和专家评价相结合的方法。检索平台效率的评价要素包括:稳定性、准确性、反应性、先进性、易操作性。稳定性指检索平台是否稳定;准确性指检索结果是否准确,可以达到用户的检索需要;反应性指检索速度是否快速响应;先进性指检索平台采用的技术是否先进;易操作性指检索平台是否简单操作,方便用户使用、接纳。

④信息资源组织能力

信息资源组织能力是指评价对象对信息资源的组织分类、整合揭示的处理能力。

信息资源组织能力有助于为馆藏资源自建、馆藏体系优化以及资源整合提供参考。适用于外购数据库的整体评价。

该指标常用的评估方法:比较评价和专家评价相结合的方法。信息资源组织分类的评价要素包括:分类丰富度、分类匹配度、分类适用度、导航便捷度、系统清晰度。分类丰富度指评价对象是否按照多种方式进行分类;分类匹配度指分类方式与资源特性的匹配程度;分类适用度指采用的分类法是否适合用户使用,是否方便用户查找、定位资源;导航便捷度指是否具备便捷的导航功能;系统清晰度指资源组织体系是否清晰。信息资源整合揭示的评价要素包括:整合度、易操作度、界面友好度。整合度指评价对象资源整合的总体效果,与其他馆藏资源在元数据和对象数据层面的整合情况;易操作度指是否提供统一检索功能,是否使用户可以快速了解,自行使用;界面友好度指用户界面的友好程度。

(2)数据存档

数据库存档主要包含长期保存能力、数据备份能力,共2个指标。

①长期保存能力

长期保存能力是指数据库允许本馆对其进行长期保存的能力。

长期保存能力可作为制定数据库采购、保存和服务政策的参考。适用于外购数据库的整体评价。

该指标常用的评估方法:比较评价和专家评价相结合的方法。长期保存能力的评价要素包括:长期保存机制、长期保存策略、长期保存数据格式、长期保存数据服务方式。长期保存机制指评价对象是否允许本馆进行长期保存,是否对本馆进行长期保存给予技术支持;长期保存策略指是否符合本馆长期保存策略;长期保存数据格式指系统提供何种数据格式,是否符合本馆资源格式要求;长期保存数据服务方式指是否提供根据图书馆具体要求进行修改的服务。

②数据备份能力

数据备份能力是指数据库为防止因系统操作失误或系统故障导致数据丢失,而将全部或部分数据集合从应用主机的存储上复制到其他的存储介质的能力。

数据备份能力可作为制定数据库采购、保存和服务政策的参考。适用于外购数据库的整体评价。

该指标常用的评估方法:比较评价和专家评价相结合的方法。数据备份能力的评价要素包括:数据备份机制、数据备份策略、恢复策略、数据备份频率。数据备份机制指评价对象是否提供数据备份服务,是否对本馆进行数据备份给予技术支持;数据备份策略指是备份策略是否符合本馆数据备份策略,备份策略是否合理;恢复策略指系统是否提供恢复服务,恢复策略是否合理,恢复的数据是否可以真正提供使用;数据备份频率指是具体两次备份之间的间隔。

第五章　电子资源的统计标准

第一节　术语与定义

标准化的电子资源使用统计信息能够真实、直接地反映某一统计周期内电子资源的使用情况，是图书馆进行数字资源评估、了解读者信息需求乃至制定、调整资源建设方案等决策工作时的重要参考指标。同时，由于数据结构、电子资源类型的多元化以及电子资源出版商统计标准方面的差异等因素的影响，电子资源的使用统计在实际工作中也存在一定的复杂性。根据《图书馆数字资源统计标准和应用指南》，电子资源统计标准的相关术语及定义如下：

一、数字资源（电子资源）

经过选择、组织的和加工处理，以数字格式存在的各种媒介信息。

二、数字馆藏

图书馆馆藏中的所有数字资源，包括图书馆本地所有的、获得一定期限使用权限的数据库以及数字文献。其中，使用权或保存权的获取方式主要包括：购买、许可授权、数字化、捐赠、受缴、交换、网络信息采集以及本馆承建的作为独立数据库的数字资源内容（如联机目录）等，且不包括对网络资源的链接以及可开放获取的资源。

三、新增

一个统计周期内通过购买、许可授权、数字化、捐赠或交换等方式新增加的数字馆藏。

四、剔除

一个统计周期内通过删除数据、取消许可授权、剔除数字资源的物理载体等方式实现注销的数字馆藏。

五、描述性记录

由计算机处理的书目或其他标准格式的单个记录，用于标明、描述任何物理形式或某一内容单元中的文献。其集合通常以数据库的形式发布，包括的元素主要有题名、作者、主题、摘要及原始日期等。

六、内容单元

由计算机处理的已出版作品的唯一可识别文本、图片或视听单元，其形式可能是其他已出版作品的全文或者摘要。如果数字资源专门以描述性记录为主要内容，则其内容单元为相应的描述性记录。除此之外，描述性记录一般不作为内容单元进行统计。

七、元数据

定义或描述其他数据的数据，即一组定义出一套标准，并能与其他类似测量标准集合相互区别的描述性信息。

八、对象数据

各种类型文献的数字化文件，如文本文件、图像文件、音频文件和视频文件等。

九、数字文献

由图书馆购买、数字化或通过其他途径获得的，以数字形式存在且带有特定内容的信息单元。一份数字文献包含一个或多个内容单元，可以构成一个或多个文件，但不包括数据库以及整合在数据库中的数字资源。

十、源文献

指在通过扫描、转换和录入等数字化手段加工前的原始文献或原生数字文献。

十一、免费网络资源

在获取上不存在限制的网络资源。

十二、数字馆藏量

本地拥有的和已经获得使用权、至少有一定使用期的某一特定类型数字资源的总量。可通过数字馆藏的数量体现,也可通过馆藏所占物理存储空间的容量体现。

十三、数字馆藏发布

通过特定渠道将数字馆藏提供给用户予以利用。发布者可以是图书馆本身,也可以是资源提供商,通过局域网、互联网、数字电视、卫星通信、移动通讯、专用网络以及光盘等方式发布。

十四、长期保存

以适当的、能够被独立理解的格式进行长期保存的行为。存储与知识库中的信息,其保存期限足以应付技术以及用户群体变化的影响,并可以无限期延长。

十五、使用权

获得或利用图书馆馆藏的权利。对于数字资源而言,需图书馆依据法律、许可或其他协议,确保其用户对于该资源享有永久或暂时的获取权利。

十六、注册用户

为了在图书馆内或馆外使用图书馆的馆藏或服务而在该图书馆注册的个人或组织。

十七、当前用户

一个统计周期内访问、使用过图书馆设施,或是接受过服务的注册用户。例如在馆内外利用数字馆藏服务。

十八、访问

一次成功的对在线服务的请求,是用户行为的一个循环,通常从用户建立与服务或数据库的连接开始,直至行为终止时结束。终止行为可以是主动的(如通过退出或注销等方式离开服务)或被动的(如由于用户长时间无响应而导致的超时)。

十九、被拒访问

由于超过并发用户数限制而导致对数据库或者联机目录的失败请求,不包括由于密码错误或网络故障原因所导致的。

二十、检索

特定的求知性查询,通常指对数据库或者联机目录的服务器提交一个检索式。服务器在每次收到检索请求时,即时重复的反复检索、双击或其他可被证明是用户无意识的检索行为不包括在内。

二十一、下载

对于描述性记录或内容单元的一次成功请求,如下载、显示、打印、保存或发送电子邮件等。

二十二、远程访问

用户在图书馆局域网外通过网络对图书馆在网络上提供的服务进行利用。

第二节　电子资源核心统计指标

基于一般图书馆电子资源业务的管理需求，其统计指标体系通常应满足电子资源相关的数字馆藏量、服务、相关设施以及经费四方面内容。根据该体系收集的统计数据，应能够实现图书馆电子资源日常管理需求，为数字资源的比较和分析提供基础数据，同时也能满足国际主流标准中数字资源评估相关指标对数据的基本要求。

一、电子资源馆藏量统计

图书馆的电子资源馆藏通常以数据库形式面向用户提供服务，其数据存储格式多样，应用目的各不相同，因此电子资源的数量统计一般以数据库为单位开展，主要包括数量和容量两个角度，详见表5－1。

表5－1　电子资源馆藏数量统计指标

核心指标	扩展指标
数据库数量（按数据库类型区分）	数据库数量（按学科类型区分）
数据库内容单元数量（图书、期刊、报纸、学位论文、会议论文、工具书）	数据库内容单元数量（年鉴、方志、手稿、实物影像、拓片、照片、美术作品、讲座、报告及音乐等）
数字文献数量（文本类、图片类、音频类、视频类、网络信息及其他类型）	—

续表

核心指标	扩展指标
数据库及数字文献容量(按所有权、建设方式区分)	数据库及数字文献实际占用容量
数据库发布数量(按数据库类型、所有权及建设方式区分)	数据库发布数量(按学科类型、网络访问方式及服务器模式区分)
数据库内容单元发布数量(图书、期刊、报纸、学位论文、会议论文、工具书)	数据库内容单元发布数量(年鉴、方志、手稿、实物影像、拓片、照片、美术作品、讲座及音乐等)
数据库发布容量(按所有权、建设方式区分)	—

注:加粗部分为一级指标,括号中为二级指标或二级指标分类方式,下同。

二、电子资源服务统计

图书馆的电子资源服务的统计指标主要分为数字馆藏服务和数字资源培训两类,具体内容详见表5-2。数字馆藏主要以数据库形式发布并提供服务,其统计数据旨在反映数据库的相关使用情况,即通常所说的使用统计,一般需从数字资源提供商处获取。因此,统计数据的全面性与准确性可能会因统计标准的不同而受到影响,在对其进行数据分析时应充分考虑这一问题。

表5-2　电子资源服务统计指标

核心指标	扩展指标
数字资源采集与加工设施(局域网、互联网、数字电视,其中互联网用户包括国内、国外及远程访问用户)	数字馆藏当前用户(移动通讯、卫星通信、专用网络、光盘及其他方式)

续表

核心指标	扩展指标
数字馆藏使用情况(局域网和互联网,两者统计指标均包括数据库的访问量、被拒访问量、检索量及下载量)	数字馆藏使用情况(数字电视、移动通讯及其他方式,其中数字电视访问统计指标包括收视率及日均收视时间,后两者统计指标为数据库的访问量、被拒访问量、检索量及下载量)
培训服务当前用户(按培训方式及对象区分)	培训服务时长(按培训方式及对象区分)
培训服务次数(按培训方式及对象区分)	培训服务资料数量

三、电子资源相关设施统计

考虑到电子资源统计的主要目的,其相关设施的统计仅将直接用于电子资源建设和用户服务的主要设施纳入统计范围,旨在客观反映图书馆电子资源相关设施的建设和使用状况。在实际执行过程中,因相关设施用途、归属的多样性以及图书馆业务复杂性,有时难以避免由此而导致的统计结果局限性与重复性。因此,应在进行统计时密切围绕统计目的,恰当地选择统计对象,并根据设施的主要功能确定其类别,具体说明详见表5-3。

表5-3 电子资源相关设施统计指标

核心指标	扩展指标
数字资源采集与加工设施(按软件、硬件区分)	数字馆藏网络设施(软件、硬件、网络环境)
数字资源存储设施(按软件、硬件区分)	数字馆藏使用情况(按面积统计)
数字资源管理设施(按软件、硬件区分)	其他相关设施
数字资源服务设施(按软件、硬件区分)	—

四、电子资源相关经费统计

此项统计对象为直接用于数字资源的预算和支出经费，不包括行政管理经费及人力资源劳务经费。为使统计结果更为明确，统计指标将支出明细作为二级指标，详见表5－4。

表5－4　电子资源相关经费统计指标

核心指标	扩展指标
引进数字资源的预算与支出：常规预算、专项预算（按资源文种、权限区分）	数字资源相关设施的预算与支出：常规预算、专项预算（按工作内容区分）
自建数字资源的预算与支出：常规预算、专项预算（按资源文种、工作内容区分）	数字资源相关设施的预算与支出：常规预算、专项预算（按培训对象区分）
数字资源管理设施（按软件、硬件区分）	其他相关预算与支出

第三节　常用使用统计标准

电子资源使用统计是图书馆、出版商及服务商等相关各方都非常关注的重要信息。目前国际上电子资源使用统计方面常见的行业标准规范主要有COUNTER标准、SUSHI协议及基于网络信息资源的使用统计测量指南等。此外，ISO 2789:2006、NISO Z39.7-201x以及E-Metrics等与资源统计和绩效评估相关的综合标准，也在其内容中较为详细地描述了涉及电子资源使用统计的量化指标。国内的相关机构，如国家图书馆、CALIS等也都制定了与使用统计相关的行业性标准。

一、COUNTER标准

COUNTER全称为Counting Online Usage of Networked Electronic

Resources，即网络电子资源的在线使用统计，其目的在于为电子资源使用统计提供数据处理与计量方法、统计报告及其内容提交的国际化标准。它要求出版商必须向用户提供符合 COUNTER 标准的使用统计报告，并规范了在线使用数据的术语定义，这使得各出版商生成的统计数据不仅满足一致性、可靠性和相互兼容性的要求，而且能方便地进行记录、交换与比对[①]。

英国牛津大学出版社的 Richard Gedye 首次提出 COUNTER 项目，并作为该项目的领导致力于建立规范框架及其实施推广。至 2003 年 8 月，为使相关工作得到持续的更新与发展，COUNTER 项目组通过注册成为非营利性的 COUNTER Online Metrics 公司，开始逐步吸纳来自行业机构及图书馆等机构的代表作为其成员，截至 2015 年 9 月 COUNTER 成员包括 9 家行业机构、49 个图书馆联盟、78 家图书馆、18 家小型出版商和 57 家大型服务商[②]。国内外知名的 CNKI、Elsevier、Gale Cengage、EBSCO、Taylor & Francis Online 及 Thomson Reuters 等厂商的电子产品都已兼容最新的 COUNTER 标准，并按其要求提供资源使用报告。

在广泛征求成员意见并反复吸纳修改建议的基础上，COUNTER 于 2003 年 1 月正式发布了面向数据库与电子期刊的电子资源在线使用统计实施规范第一版（Release 1 of the COUNTER Code of Practice for Journals and Databases）。自发布以来，COUNTER 针对日益丰富的电子资源类型，结合其内容及格式，兼顾统一性和可比原则，对实施规范经历了 4 次的改进和升级，详见图 5－1。

① 郭依群. COUNTER——网络化电子资源使用统计的新标准[J]. 大学图书馆学报，2005(2)：20—23.

② COUNTER Counting Online Usage of Networked Electronic Resources[EB/OL]. [2015－09－09]. http://www.projectcounter.org/members.

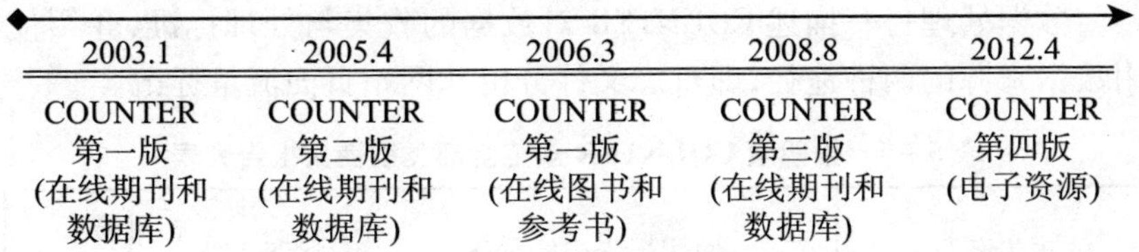

2003.1	2005.4	2006.3	2008.8	2012.4
COUNTER 第一版 (在线期刊和数据库)	COUNTER 第二版 (在线期刊和数据库)	COUNTER 第一版 (在线图书和参考书)	COUNTER 第三版 (在线期刊和数据库)	COUNTER 第四版 (电子资源)

图 5－1　COUNTER 实施规范发布时间示意图

目前最新的版本为电子资源在线使用统计实施规范第四版（Release 4 of the COUNTER Code of Practice for e-Resources），最新修订日期为 2015 年 8 月。规范第四版的实施日期为 2013 年 12 月 31 日，之前的实施规范随之失效。第四版 COUNTER 在结构变化上最显著的特点是将在线期刊和数据库、在线图书和参考书这两个规范统一为一个涵盖所有电子资源的实施规范，整合了期刊、数据库、图书、参考资料和多媒体内容，包括总则、术语定义、SUSHI 协议、使用报告、数据处理、审核、遵从协议、实施规范的维护和发展以及 10 附录这九部分内容。其中的二至五部分是其执行重点，具体是：

术语定义——规范遵从 COUNTER 标准中的相关术语进行描述，明确 COUNTER 所涉及概念。新增"金色开放获取"（Gold Open Access）"多媒体全文内容单元"（Multimedia Full Content Unit）等术语，通过"记录浏览"（Record View）"结果点击"（Result Click）等概念取代"访问量"（Sessions），并扩展了"被拒绝访问"（Access Denied）的概念范围。

SUSHI 协议——规定出版商在提供 Excel 或 CSV 格式使用报告的同时，必须提供符合 SUSHI 协议的 XML 格式 COUNTER 报告，并规定 SUSHI 服务器的应待时间保证在 120 秒内，从而增强了 SUSHI 协议的应用功能。

使用报告——列明使用报告类型，包括 8 个期刊报告、3 个数据库报告、5 个图书报告、2 个多媒体报告和 5 个题名报告，详见表 5－5。说明报告的客户分类管理，通过 IP 地址以用户名和密码的形式进行客户认证。规定报告的提交时间、频率等相关内容，并在浏览器支持性方面提出要求。

数据处理——描述 COUNTER 对数据的收集与处理标准，介绍使用数据来源的两种途径，即日志文件分析和网站页面流量标记。

表 5－5　第四版 COUNTER 规范全部类型使用报告列表

报告名称	使用报告内容描述	状态	相对第三版变化①
期刊使用报告 1 (Journal Report 1)	每月、每种期刊全文文献的成功请求量	标准	无变化
金色开放获取期刊使用报告 1 (Journal Report 1 GOA)	每月、每种金色开放获取期刊全文文献的成功请求量	标准	新增内容
期刊使用报告 1a (Journal Report 1a)	每月、每种回溯期刊全文文献的成功请求量	可选	报告状态由标准变为可选
期刊使用报告 2 (Journal Report 2)	每月、每种期刊分类型的被拒绝全文文献请求量，包括因用户访问超过最大并发数及因资源未获授权而导致的访问被拒绝	标准	增加因资源未获授权而导致的访问被拒绝
期刊使用报告 3 (Journal Report 3)	每月、每种期刊、每种页面类型的成功请求量(含全文、文摘、目次、音频、视频、图像等)	可选	无变化
期刊使用报告 3 移动设备 (Journal Report 3 Mobile)	每月、每种期刊、每种页面类型通过移动设备的成功请求量	可选	新增内容

① 李洪. 新版 COUNTER 的特征及未来发展[J]. 中国图书馆学报,2012(11):29—37.

续表

报告名称	使用报告内容描述	状态	相对第三版变化
期刊使用报告4 (Journal Report 4)	每月、每个内容集合的全部检索量,包括常规检索量、联邦检索以及自动搜索引擎	可选	对检索量进行分类
期刊使用报告5 (Journal Report 5)	每年、每种期刊全文文献的成功请求量	标准	第三版为可选
数据库使用报告1 (Database Report 1)	每月、每个数据库的全部检索量、结果点击量和记录浏览量	标准	"结果点击量"和"记录浏览量"取代"全部登录次数"
数据库使用报告2 (Database Report 2)	每月、每个数据库、每种页面类型的被拒访问量	标准	同 JR2
平台使用报告1 (Platform Report 1)	每月、每个平台的全部检索量、结果点击量和记录浏览量	标准	对检索量进行分类;取代第三版中的数据库报告3;同DR 1
图书使用报告1 (Book Report 1)	每月、每本书的成功请求量	标准	无变化
图书使用报告2 (Book Report 2)	每月、每本书的成功章节请求量	标准	无变化
图书使用报告3 (Book Report 3)	每月、每本书分类型的被拒访问量	标准	同 JR2
图书使用报告4 (Book Report 4)	每月、每个平台分类型的被拒访问量	标准	同 JR2

续表

报告名称	使用报告内容描述	状态	相对第三版变化
图书使用报告 5（Book Report 5）	每月、每本书的全部检索量	标准	对检索量进行分类；取消了第三版中的 BR 6
多媒体内容使用报告 1（Multimedia Report 1）	每月、每个集合多媒体内容单元的成功请求量	标准	新增内容
多媒体内容使用报告 2（Multimedia Report 2）	每月、每个集合、每种细目类型的多媒体内容单元的成功请求量	可选	新增内容
题名使用报告 1（Title Report 1）	每月、每篇期刊全文和每一图书章节的成功请求量	可选	新增内容，代替第三版中的期刊、图书报告 1
题名使用报告 1 移动设备（Title Report 1 Mobile）	每月、每篇期刊全文和每一图书章节的成功请求量，包括普通浏览器格式/移动设备格式传送至移动设备	可选	新增内容
题名使用报告 2（Title Report 2）	每月、每个题名分类型的被拒访问量	可选	新增内容；主要指文本型资源，包括（期刊全文、图书章节、百科款目等）

续表

报告名称	使用报告内容描述	状态	相对第三版变化
题名使用报告 3 (Title Report 3)	每月、每个题名每种页面类型中的各项成功请求量	可选	新增内容;含全文、文摘、目次、音频、视频、图像等
题名使用报告 3 移动设备 (Title Report 3 Mobile)	每月、每个题名每种页面类型中备的各项成功请求量,包括普通浏览器格式/移动设备格式传送至移动设备	可选	新增内容;含全文、文摘、目次、音频、视频、图像等

注:所有可选报告应参照附录 H(可选的额外使用报告)。

COUNTER 作为规范网络化电子资源使用统计报告处理、审核和提交的国际化标准,其诞生为出版商和使用者提供了统一标准的网络电子资源使用统计计量方法、报告及其内容格式,变革了统计数据的收集、生产与使用方式。自 2003 年第一版实施规范发展至今,COUNTER 顺应科技、资源类型和用户需求的变化趋势,不断升级评估标准、改进统计方式、丰富报告类型并更新文档结构和数据元素。其强劲的发展态势赢得了越来越多用户的认可与采用。同时,COUNTER 与 SUSHI 协议的结合将为图书馆提供更加准确且易于分析的使用统计数据,进一步提升图书馆数据收集和数据处理分析的水平。

二、SUSHI 协议

SUSHI 协议(The Standardized Usage Statistics Harvesting Initiative Protocol)即标准化使用统计收割计划协议,其产生的重要前提源于 COUNTER 标准迅猛的发展势头和日渐广泛的使用范围。COUNTER 的成功在提高使用统计数据工作的客观性、科学性与标准化的同时,也带来了新的问题:各个用户所需的数据内容与格式都不尽相同,且每个出版商提供的数据格式与具体字段内容也存在着差别,某些使用电子资源管理(Electronic Resource Management System,ERM)系统的用户还需要人工将数据上载到知识库以供存储和后续管理。

基于对这些因素的考虑,来自 Innovative Interfaces 公司的 Adam Chandler 和康奈尔大学图书馆的 Ted Fons 于 2004 年首次提出了 COUNTER 报告的自动化处理的问题。2005 年 10 月,美国国家信息标准组织(NISO)加入该计划,正式将其命名为 SUSHI 并开始了协议的规范定义工作,发布了供用户和出版商试用的草案,收到了良好的反馈。2007 年 11 月,NISO 的 Z39.93 - 007 标准——SUSHI 协议获得了美国国家标准协会(ANSI)的正式批准。目前,Elsevier、Springer、Wiley 及 EBSCO 等众多知名内容提供商及数据厂商都已采用 SUSHI 协议为图书馆提供使用数据服务。

SUSHI 协议基于 Web 服务,定义了自动获取电子资源数据统计的请求和应答模式,数据的自动请求与应答获取遵循简单对象存取协议(Simple Object Access Protocol,SOAP)。它能以 XML 格式自动传输符合 COUNTER 实施规范的使用报告,并用于 ERM 或其他系统。截至目前,NISO 发布的 SUSHI 协议最新版本为 ANSI/NISO Z39. 93 - 2014①,修改日期为 2015 年 1 月 8 日。这一版本协议包括目的、范围、参考文献、术语定义、元素参考指南、协议正文、报告命名、版本与扩展八部分主体内容,以及 8 个附录与资料目录,更新了 SUSHI 及 COUNTER schemas、报告样例、SUSHI 收割工具选择及服务器注册等内容。其内容上最显著的变化是扩大了筛选器(Filter)的支持范围,从而允许在 SUSHI 请求中包含多重筛选和报告的属性。一个完整的 SUSHI 协议工作流程如图 5 - 2 所示,具体为:

(1)图书馆系统发出使用统计报告的请求。

(2)SUSHI 客户端生成请求——该请求包含发出请求的图书馆信

① ANSI/NISO Z39. 93 - 2014 The Standardized Usage Statistics Harvesting Initiative(SUSHI) Protocol[EB/OL]. [2015 - 09 - 09]. http://www. niso. org/apps/group_public/project/details. php? project_id = 120.

息和该请求者要求的统计报告项目等信息。而 SUSHI 客户端是运行在图书馆服务器上的软件,通常与 ERM 系统相连。

(3)SUSHI 服务器处理请求——SUSHI 服务器是运行在内容提供商服务器上的软件,可通过其获取电子资源相应用户的使用数据。

(4)SUSHI 服务器处理相关使用数据,并准备 XML 格式的 COUNTER 报告。

(5)SUSHI 服务器进行数据打包并返回应答——依据 SUSHI XML 架构,SUSHI 服务器准备回复信息 XML 格式的 COUNTER 报告被加载到回复信息当中并传输至 SUSHI 客户端。

(6)SUSHI 服务器处理 COUNTER 报告——客户端从回复中抽取 COUNTER 报告,该报告将被传送到 ERM 系统以便进行更深层次的分析。

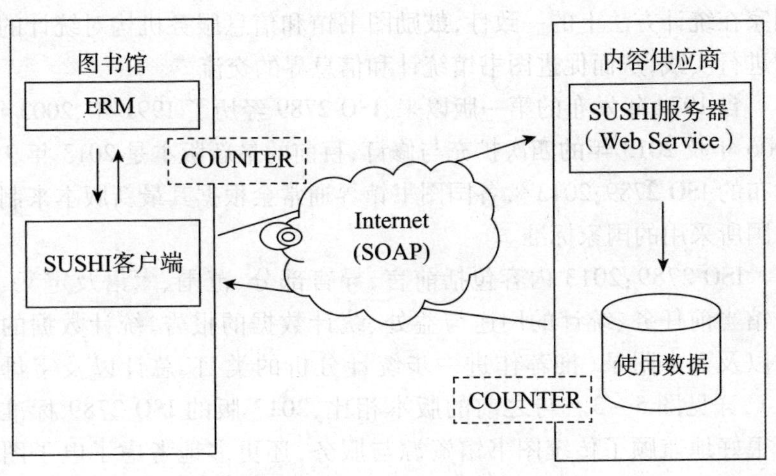

图 5－2　SUSHI 工作流程①

① Frequently asked questions about SUSHI, for developers[EB/OL].[2015－09－09]. http://www.niso.org/workrooms/sushi/developers/.

SUSHI 协议的最大优势是它可以自动完成单调、重复的使用数据收集过程。同时，也鼓励出版商将使用数据以 COUNTER XML 的标准格式呈现。

三、ISO2789

与 COUNTER、SUSHI 协议等专门面向电子资源使用统计的标准不同，ISO 2789 是一个关于图书馆统计与绩效评估的综合性标准①。ISO 2789 的具体中文名称为“信息与文献——国际图书馆统计标准（Information and Documentation——International Library Statistics）”，它是由国际标准化组织（ISO）的技术委员会 ISO/TC46 下属的子委员会 SC8，联同国际图书馆协会联合会（IFLA）专门为图书馆及信息服务机构制定的数据统计收集与报告的国际层级标准。其宗旨是确保不同国家在统计方法上的一致性，鼓励图书馆和信息服务机构对统计的应用进行实践，从而促进图书馆统计和信息界的交流。

自 1974 年发布的第一版以来，ISO 2789 经历了 1991 年、2003 年、2006 年及 2013 年的四次扩充与修订，目前的最新版本是 2013 年 9 月发布的 ISO 2789：2013②，各国图书馆界通常会根据其最新版本来制定本国所采用的国家标准。

ISO 2789：2013 内容包括前言、导言部分、范围、术语及定义、图书馆当前任务、统计的用途与益处、统计数据的报告、统计数据的收集以及 3 个附录（推荐作进一步统计分析的类目、总计以及字母索引），详见图 5－3。与之前的版本相比，2013 版的 ISO 2789 标准不但很好地兼顾了传统图书馆资源与服务，还更多地考虑了电子图书馆的资源与服务，尤其注重对图书馆产出、利用以及可获取性的统

① 张红霞. 图书馆统计国际标准 ISO2789：2006 解读［J］. 新世纪图书馆，2010(1)：9—10.

② ISO 2789：2013［EB/OL］.［2015－09－09］. http://www.iso.org/iso/home/store/catalogue_tc/catalogue_detail.htm? csnumber=60680.

计与评估。

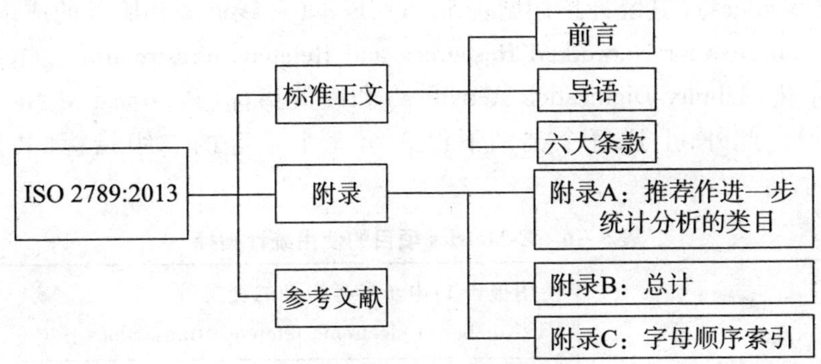

图 5－3　ISO 2789:2013 内容结构图

四、E-Metrics

E-Metrics 项目是由美国研究图书馆学会(American Research Library, ARL),旨在解决其成员馆对数字信息资源评价工作需要的一套评价标准①。该项目从 2000 年 5 月持续到 2001 年 12 月,分为 3 个阶段进行:

第一阶段(2000.5——2000.10):厘清当前 ARL 成员馆有关数字资源统计数据、评价指标、处理方法及服务活动的情况;

第二阶段(2000.11——2001.6):进行统计数据和评价指标的推荐、统计数据收集文件的确认及评价指标的测试;

第三阶段(2001.7——2001.12):确定评价指标与教育产出研究及技术设施之间的关系。

最终制定的指标体系《图书馆网络服务统计和评估指标》(*Recommended Statistics and Measures for Library Networked Services*)包括 5 个部分,具体为:资源(用户可存取的资源,Patron Accessible Electronic Re-

① 刘蔚,王长宇. ISO2789、NISO Z39.7 和 E-METRICS 数字资源评价标准比较[J]. 图书馆学刊,2010(8):102—105.

sources）、使用（在线资源和服务的使用，Use of Networked Resources and Services）（其统计指标见表5－6）、成本（在线资源和服务的成本，Expenditures for Networked Resources and Related Infrastructure）、馆藏数字化（Library Digitization Activities）和绩效指标（Performance Measures）。此外，上述每个类别下设3至5个不等的二级指标，共计19个①。

表5－6 E-Metrics项目的使用统计指标

使用（在线资源和服务的使用，Use of Networked Resources and Services）	使用报告1：电子参考咨询的交易量 U1：Number of electronic reference transactions
	使用报告2：电子数据库的会话（访问）量 U2：Number of logins（sessions）to electronic database
	使用报告3：电子数据库的查询（检索）量 U3：Number of queries（searches）in electronic database
	使用报告4：电子数据库的资源请求量 U4：Items requested in electronic database
	使用报告5：图书馆网站和目录的访问量 U5：Virtual visits to library Web site and catalog

E-Metrics项目历史较短，属于团体组织层级的评价标准，旨在发展统计绩效的评价方法应用于ARL成员馆的数字资源使用统计实践中。因此，E-Metrics专注于图书馆中数字资源的评价研究，而没有对传统信息资源或图书馆的其他方面进行探讨，且更具有实践性。但类似于其他电子资源评价标准，在对于互联网引擎以及门户网站对于使用量贡献的评价方面，E-Metrics仍面临着大量待解决的

① E-Metrics：Measures for Electronic Resources［EB/OL］.［2015－09－11］. http://old.arl.org/stats/initiatives/emetrics/index.shtml.

问题①。

第四节　外文电子资源统计工作实务

外文电子资源统计工作是一项具有关联性、系统性的长期工作，需要根据相应的数字资源统计体系，选择符合实际需要的统计指标，开展多层次、多维度的细化统计以满足工作需求。因此，基于自身的业务现状，各个图书馆等机构在电子资源统计方面遵循的标准、体系也不尽相同。下文仅以国家图书馆电子资源统计工作实务为例加以说明。

国家图书馆电子资源统计工作以《图书馆数字资源统计标准和应用指南》为指导方针开展，一般以一个财年为统计周期进行统计，同时根据需要，将电子资源馆藏建设情况统计、电子资源服务统计（使用统计）周期分别定为“月”及“半年”②。

一、电子资源建设统计

按照数字资源的来源方式，国家图书馆数字馆藏划分为引进数字资源和自建数字资源。统计对象为统计周期内本馆拥有使用权或保存权的数字资源，包括数据库备份数据，不包括利用本馆网络可无限获取的免费资源。此外，经图书馆编目并整合入本馆数据库的免费网络资源，作为数据库的内容单元根据需要进行统计，具体详见附表 1。

统计指标以数量为主，容量指标仅计算总量。

① Miller R, Schmidt S. “E-Metrics: Measures for Electronic Resources”[J]. Advances in Library Administration and Organization, Volume 20, 203—212.

② 吕淑萍，罗云川. 国家图书馆数字资源统计标准和应用指南[M]. 北京：国家图书馆出版社，2010.

1. 数量统计(单位:个)

统计周期结束时,数据库基础建设数量统计以下数据:

——各类型各层级引进数据库的数量

——各类型各层级引进数据库的发布数量

——引进数据库的总数量

——引进数据库的发布总数量

统计细则:

(1)以供应商分割的最小销售单元、在检索平台中以“库”的形式而非“专题”形式单独存在,且在内容上无连续关系等特征,不考虑数据库的不同版本;

(2)同一平台的不同数据库分别计量;

(3)复合型数据库记为一个库;

(4)同一出版商出版地同种文献的回溯数据库与现刊、报纸数据库记为一个库;

(5)整合入不同平台的统一数据库去重后记入数据库数量,统计数据库发布数量时按发布方式分别累加。

统计周期结束时,数据库主要内容单元基础建设数量及备份数据数量统计以下数据:

——引进数据库所包含各类型内容单元的数量

——引进数据库所包含各类型内容单元的发布数量

统计细则:

(1)如果为引进某数据库的全部内容单一,则统计本馆实际引进和发布的内容单元数量;

(2)引进数据库具有多个版本的,以本馆拥有使用权的内容单元的最大数据量计算;

(3)复合型数据库的内容单元,按其类型分别计算,并入相应类别统计内容单元总量;

(4)相同类型和统计标准下的内容单元,查重后计入内容单元数量,发布数量在统一标准下按发布方式不查重统计;

(5)期刊、报纸全文数据库,如仅收录其中某些全文文章而非整本收录,不计入内容单元统计“种”;

(6)联盟采购、联盟许可和国家许可的数据库,将本馆可访问的且经过查重的内容单元数量记入内容单元总量,同时说明本馆购买量;

(7)统计内容单元数量时,非复本模式引进的电子图书每种记为1册,复本模式引进的电子图书按实际复本数计算册数。

2. 容量统计(单位:TB)

统计周期结束时,数据库实际占用存储容量统计以下数据:

——引进数据库的实际占用总容量

统计细则:

(1)拥有长期保存权的引进数据库(包括其中存储于外部服务器的数据库),以其长期保存级数据的存储容量计算;

(2)如难以直接获取许可授权数据库的容量数据,可通过抽样调查估算,亦可根据本馆业务需要暂不计入容量统计;

(3)联盟采购、许可以及国家许可的数据库,许可授权部分暂不计入容量统计;

(4)引进数据库的服务及数据未占用本馆存储空间的(主要指访问外部服务器的数据库)暂不计入容量统计。

二、电子资源使用统计

国家图书馆外文数据库的使用统计工资具体工作内容包含四个流程:获取使用数据、完成统计报表、用量情况分析及撰写使用报告。以符合COUNTER标准规范的使用量为基础,通过数据比对及成本分析等方式,最终将统计分析结果以报告形式予以呈现。

1. 获取使用数据

统计周期结束时,数据库使用数据获取情况包括:

——通过出版商提供的账号、密码登录数据库平台自行下载,通常可提供符合COUNTER标准的使用报告;

——向出版商、中间商索取,通常为非COUNTER标准的使用报告。

注意事项：

(1)应注意使用统计标准、指标术语不一致造成的问题，保证使用统计的准确；

(2)应注意使用统计获取的时滞性造成的报告进度问题，保证使用统计的及时；

(3)无法或暂时无法提供使用统计的数据库暂不做统计，并通过备注加以解释说明。

2. 完成统计报表

完成数据收集工作后，基于原始数据填写《国家图书馆外购数据库使用情况统计报表》中外文数据库部分，详见表5-7。报表通常按照外文数字资源引进顺序排序，也可按照数据库文献类型排序，具体为全文型数据库、索引/文摘类数据库、数值/事实类数据库、复合型数据库、工具性数据库等类型进行排序从而便于同一文献类型数据库的用量查阅。该报表的更新周期通常为半年。

表5-7 《国家图书馆外购数据库使用情况统计报表》样表

国家图书馆外购数据库使用情况统计报表											
序号	资源名称	访问量		被拒访问量		检索量		下载量		备注
		本年累计	本月	本年累计	本月	本年累计	本月	本年累计	本月	
1	×××									

3. 用量情况分析

国家图书馆数据库使用统计报表的制定基于COUNTER标准，在此基础上设访问量(Sessions)、被拒访问量(Turnaways)、检索量(Searches)和全文下载量(Full-text Article Requests)四项用量统计指标，并包含“本年累计”和“本月”两个次级指标。其中，“本年累计”是指该统计周期内累计的总量，“本月”指统计工作进行当月的指标。这些数据将用于数据库分时段、分指标和分内容类型的使用情况分析，实现同一数据库的纵向对比及同类数据库的横向对比。

不同类型数据库遵循的统计标准可能不一致，在用量统计指标上存在差异，比如文摘型数据库，其使用统计无法提供下载量。即使同样符合 COUNTER 标准的数据库，其使用报告也可能因为所遵循 COUNTER 标准版本的不一致（或未及时更新至最新标准）而存在差异。此外，不同数据库的用量指标在术语上存在差别。这些不同情况在进行统计时应根据业务需求灵活处理，并在备注栏内予以说明。需要注意的是，一定要确保同类数据库之间标准的统一，从而保证相互可比。

4. 撰写使用报告

撰写使用报告是数据库统计分析工作的终极目标[①]。国家图书馆外文数据库订购及使用情况统计与分析报告的报告频率为一年，是对外文电子资源建设情况的反映，也是今后资源建设计划制定的重要依据。该报告包括统计周期内数据库新增及剔除情况说明、数据库类型统计、电子资源分类型数量统计以及电子资源使用情况统计。使用统计部分主要依照数据库文献类型分类进行使用情况统计，同时兼顾数据库引进方式做不同处理，各类别下数据库依全文下载量由高至低排列。其中最为核心的部分应属数据库使用成本分析。表 5－8 为国家图书馆外购数据库使用成本分析样表。

表 5－8　国家图书馆外购数据库使用成本分析样表

数据库名称	访问情况		检索情况		全文下载/浏览情况	
	总量	单次成本	总量	单次成本	总量	单篇成本
×××						

① 朱硕峰，宋仁霞. 外文文献信息资源采访工作手册［M］. 北京：国家图书馆出版社，2014.

第六章　电子资源的服务与长期保存

第一节　电子资源的访问

图书馆在决定购买电子资源时，除了就采购的内容进行选择之外，通常图书馆和数据库提供商都会签订一个授权许可协议（License Agreement），授权许可协议中对电子资源的访问方式和用户规模有明确的界定，其中用户规模是影响电子资源定价的一个因素。通常情况下，数据库提供商要求必须将电子资源的访问严格控制在图书馆授权用户范围内，而对授权用户的限定则是图书馆的责任。为了符合数据库提供商在合同条款中的规定，图书馆需要保证只有授权用户才能够访问相应的电子资源。因此，图书馆需要实施访问控制，访问控制包含认证和授权。认证是验证身份的过程，授权是确定用户是否有权执行其所要求的功能的过程。

一、电子资源的认证方式

1. IP 地址过滤

Internet 上的每台主机（Host）都有一个唯一的 IP 地址。IP 协议就是使用这个地址在主机之间传递信息，这是 Internet 能够运行的基础。IP 地址的长度为 32 位，分为 4 段，每段 8 位，用十进制数字表示，每段数字范围为 1—254，段与段之间用句点隔开。通常 IP 范围的表达方式如下：

202.108.177.0 – 202.108.177.255

202.108.□.□

基于用户计算机 IP 地址的认证是最常用的认证机制。图书馆采访人员会将本馆所有的用户的 IP 地址信息传递给数据库提供商，数据库提供商再通过自己的网站服务器进行 IP 认证。为了保证图书馆所有的用户都能够正常访问电子资源,图书馆要将本馆所有的用户包括分馆的网络 IP 地址范围进行收集。

2. 凭证认证

凭证认证指要求个人图书馆用户出示身份凭证进行验证。个人身份凭证包括用户名和密码、图书馆借阅证号码或者能够证明个人用户唯一身份的其他标识。凭证认证是最常见的认证方法之一。常见凭证认证系统有集成图书馆系统、代理服务器、元搜索系统及本地系统等。

3. 引文 URL

统一资源定位符(URL)是对可以从互联网上得到的资源的位置和访问方法的一种简洁的表示,是互联网上标准资源的地址。互联网上的每个文件都有一个唯一的 URL,它包含的信息指出文件的位置以及浏览器应该怎么处理它。

图书馆一般都有一个授权用户才能访问的安全网页,授权用户通过 URL 地址引导到提供电子资源的网站或者数据库供应商的网站。因此,图书馆必须享有一个内部认证的机制,这样才能保证授权用户访问到受保护的页面。

4. 基于 Cookie 的认证

Cookie,指某些网站为了辨别用户身份、进行 session 跟踪而储存在用户本地终端上的数据(通常经过加密)[①]。它是一个包含网站和网站访问者的行为信息的小型文本文件,是由受访网站发出的,存储在计算机上。安装 Cookie 之后,图书馆用户不用登录就能够访问数据库提供商提供的电子资源。由于不同的电子资源提供商使用不同的 Cookie,所以图书馆员必须在每个工作站上安装不同的浏览器。

5. 单点登录(SSO)

单点登录(Single Sign On),简称为 SSO,就是指多系统单次登录

① Cookie[EB/OL].[2015-09-11]. http://baike.baidu.com/subview/835/5062332.htm.

访问的一种认证技术。用户在访问多个应用系统前进行一次注册,认证通过后便可访问多个应用系统资源,系统不仅可以为用户提供统一检索个性化的资源,而且还可以为用户定制不同的服务,既可以减少用户使用时不同系统间频繁输入不同的用户名和口令,做到个性化服务,也可降低甚至避免每个系统都进行一系列用户认证,维护管理节省资源,实现图书馆各应用系统的认证一体化。

二、电子资源的访问方式

1. 局域网访问

局域网,英文名称 Local Area Network,简称 LAN,指的是在一个局部的地里范围内(一般在几千米以内),把计算机、打印机、应用软件、数据库、路由器、交换机等设备连接起来组成的计算机通信网络。局域网可以实现文件管理、打印机共享、扫描仪功效、内部通信、应用软件共享。局域网的类型很多,若按网络使用的传输介质分类,可分为有线网和无线网;若按网络拓扑结构分类,可分为总线型、星型、环型、树型、混合型等;若按传输介质所使用的访问控制方法分类,又可分为以太网、令牌环网、FDDI 网和无线局域网等。其中,以太网是当前应用最普遍的局域网技术①。

电子资源的局域网访问是指机构所引进的电子资源只能在特定的区域,通常是指一个图书馆或者校园范围内进行访问的一种访问方式。局域网访问的电子资源有很大的局限性,通常情况下读者只能进入特定的物理区域才能访问相应的资源,大大缩小电子资源的访问方位。从资源定价的角度来看,通常可提供局域网访问的电子资源的价格要低于可远程访问的电子资源的价格。电子资源的这种访问方式从地理位置上限制了用户对资源的访问,有效地保护了资源提供商的

① 远程访问[EB/OL].[2015-09-11].http://baike.baidu.com/link?url=GZV0cmaGD3qq2q3FyDK-NK0gb6SWR13HMAWwReP_Ww2DQTE8jWBqet05rN69CrSvTTgvJ45qpLEKWvYhmjhvZa.

利益,但却为资源的充分利用设置了障碍,造成了资源提供商和使用者之间的博弈。

2. 互联网访问

互联网访问,英文名称 Internet Access,指的是两台计算机或多台计算机通过互联网连接到对方计算机或传输数据到对方的计算机都属于互联网访问。电子资源的互联网访问方式通常有两种:一是开放存取的电子资源;二是远程访问的电子资源。

根据 Association of Research Libraries 的解释,"开放存取"是在基于订阅的传统出版模式以外的另一种选择,通过新的数字技术和网络化通信,任何人都可以及时、免费、不受任何限制地通过网络获取各类文献,包括经过同行评议过的期刊文章、参考文献、技术报告、学位论文等全文信息,用于科研教育及其他活动。这是一种新的学术信息交流的方法,作者提交作品不期望得到直接的金钱回报,而是提供这些作品使公众可以在公共网络上利用。

远程访问(Remote access)是集成的"路由和远程访问"服务的一部分,用来为远程办公人员、外出人员,以及监视和管理多个部门办公室服务器的系统管理员提供远程网络①。

图书馆通过购买或租用的电子资源,按照知识产权保护相关要求,绝大多数被限制在校园网内使用,这样必然影响其合法用户在宿舍、家里或出差等情况下对电子资源的充分利用。目前,高校大多已对本校师生等合法用户开通 Internet 访问,但是采取的方式和策略各有不同,通常被采用的是 VPN 技术及基于 URL 地址重写技术。

VPN(Virtual Private Network)虚拟专用网络,是指在公用网络中建立专用的数据通信网络的技术,即利用公用线路来实现任意两个节点之间的安全专有连接技术,能够让远程用户或分支机构安全地接入到内部网络。目前,VPN 主流应用技术分为两种:IPsec VPN 和 SSL

---

① 李晓东,卢振波.校园网外远程直接访问电子资源实现技术分析与研究[J].情报理论与实践,2007(1):131—134,96.

VPN。IPsec VPN 在 IP 层上对数据包进行高强度的安全处理，提供数据源地址验证、无连接数据完整性、数据机密性、抗重播和有限业务流机密性等安全服务。SSL VPN 是一种基于 SSL/TSL 的协议，以 WebServer 构架为依托的 VPN 实现。

URL 地址重写技术实际上就是代理技术，它利用动态 URL 重写技术（URL Rewriting）将受限的电子资源事先映射为校园网域名的本地资源，然后通过互联网提供服务。基于 URL 地址重写技术方案有比较著名的产品 EZPROXY，在国外得到了广泛运用，目前有超过 60 个国家的 2500 个客户购买了这一软件，其中绝大部分为各类高校、科研机构等。

3. 数字电视访问

数字电视就是将传统的模拟电视信号经过抽样、量化、编码，转换为用二进制数代表的数字电视信号，然后进行各种功能的数字处理、传输、存储和记录，也可以用电子计算机进行处理、存储和控制[①]。

在国内，数字电视应用的起步源于国家图书馆申请的科技部项目《数字平面内容支撑技术平台》。以此为契机，国家数字图书馆与北京歌华有线公司积极开展基于交互式数字电视平台的图书馆服务。截至 2010 年年底，"国图空间"发布视频资源累计超过 500 小时，信息数据超过 1.2 万条，通过有线电视网络向用户免费提供服务。该节目在北京地区 13 个交互应用服务中收视排名稳居第二。

第二节　电子资源的整合

电子资源整合是指根据用户的信息需求，利用相关信息技术和标准，将分散的、异构的数字化信息资源按照一定的方式进行融合、类聚

① 李春明. 基于数字电视的国家数字图书馆服务实践[J]. 国家图书馆学刊,2012(2):28—29.

和重组,从而重新结合为一个新的有机整体。其目的是提供信息内容直接的关联度,形成方便快捷的电子信息资源利用环境以及一个效能更好、效率更高的电子资源保障体系。

一、电子资源整合的必要性

时至今日,数字化信息日渐成为信息资源的主流,有效获取信息、知识逐步成为人们关注的焦点,呼吁对电子资源进行全面优化整合的声音亦越发显著。与此同时,用户对于资源获取需求的日益深化,整合技术的变革与创新以及语义网大环境的内驱力等现实因素的影响,也无一不推进了电子资源整合的发展进程。具体而言,进行电子资源整合的必要性主要体现为以下两方面:

首先,电子资源总量日益膨胀。数字与网络浪潮催生了信息载体的电子化变革,数字资源在当下图书馆全部资源中的比重越来越大。仅以国家图书馆为例,截至 2013 年年底,国家图书馆外购数据库总量达 273 个,数字资源总量达 874.5 TB,其内容单元主要包括:电子图书 360.1 万种 460.5 万册,电子期刊约 5.8 万种,电子报纸约 1.5 万种,学位论文约 458.8 万篇,会议论文约 457.3 万篇,音频资料约 107.2 万首,视频资料约 11.8 万小时①。与之类似,以中国高等教育文献保障系统(CALIS)牵头的中国大学集团引进了为数众多的外文数据库,各高校在数字资源建设方面的投入也出现极大的增幅。电子资源数量及种类的不断增长,一方面极大地推进了数字图书馆建设,全方位、深层次满足用户信息需求的同时,也加大了用户获取所需信息的难度。特别那些对馆藏电子资源内容、分布等情况并不十分熟悉的用户,在面对图书馆网页上的数据库资源列表时,往往颇感困惑。

其次,由于电子资源系统的多样性和异构性而导致的数字化资源

---

① 国家图书馆年鉴(2014)[EB/OL].[2015-09-20].http://www.nlc.cn/dsb_footer/gygt/ndbg/nj2014/201507/P020150720511073216414.pdf.

局部有序，但整体无序的"孤岛现象"日益严重①。电子资源的异构主要体现在三个方面：系统运行的软硬件平台；数据库管理系统（Database Management System）；数据类型、结构及语义层面。这导致了终端用户在检索、利用信息时的效率低下。不同数据库常常会采用不同的认证方式，若用户需利用不同数据库的内容时，需经过多次认证并烦琐地切换登录状态，用户体验上显然不够友好。

二、电子资源整合方式

资源整合应该包含两个层面的含义，第一层面是源整合，第二层面则是数据的整合。所谓源整合是针对数据库入口，按各种分类原则进行标引，提供给用户统一的数据库检索入口；数据整合则是深入到数据结构层级，以格式统一的元数据为基础，通过统一的检索机制实现不同数据库的检索。

常见的电子资源整合方式有如下几种：

1. 基于 OPAC 系统的整合

OPAC 是图书馆重要馆藏数字资源系统，对 OPAC 资源系统的整合是图书馆数字资源最基本的整合方式。它的实现主要是通过执行 Z39.50 协议，聚合不同平台上的异构 OPAC 数据库，建立书目整合检索系统。用户只要通过一个 OPAC 系统界面即可检索相关图书馆的 OPAC。

2. 基于资源导航系统的整合

导航式整合主要是通过提供按字母和主题的入口方式对馆藏资源进行整合，目前在各图书馆网站上已十分普遍。需注意的是电子文献的 URL 有时会因为馆藏的调整、数据库的增减、刊名的变化等各种原因而失效。虽然通常可通过技术手段来检测其有效性，但却难以实

---

① 马文峰，杜小勇. 数字资源整合：理论、方法与应用[M]. 北京：北京图书馆出版社（今国家图书馆出版社），2007.

现 URL 的自动转向,这直接导致了导航整合的可用性下降①。

3. 基于链接服务器的整合

链接整合就是利用网络超文本链接特性,可以将文献的有关知识点链接起来,达到将有关的数字资源链接在一起,形成一个具有内在联系的有机整体,以便用户更方便地利用数字资源的目的。

链接系统包括静态链接和动态链接。比较著名的基于封闭式静态链接的应用系统主要有 ISI 公司的 Web of Science 及 CNKI(中国知网)等数据库,它们通过“链接”功能将其收录的学术期刊论文间的参考、引用等引证关系进行了充分的连接。SFX 是开放式链接的代表,它通过 OpenURL 框架实现数据库之间的无缝链接,旨在实现检索结果到全文的链接,属于篇章层级,适用结构规范的数据库。

4. 基于跨库检索系统的整合(联邦检索)

跨库检索(Cross-Database Search),也称联邦检索(Federated Search)、多数据库检索(Multi-Database Search)或集成检索(Integrated Access),主要是指以多个分布式异构数据源为对象的检索系统。跨库检索方式同时在多个数据库中检索并同时得到多个数据库的结果,避免了用户逐个登录数据库、输入检索条件的麻烦②。它从技术上屏蔽了图书馆的不同数据库之间检索方法和界面的差异。这是最初期最简单的数字资源整合方式。

跨库检索的工作原理是:当用户提出检索请求后,其请求被交给服务器端的一个称为智能搜索器的程序。智能搜索器针对不同的数据库将用户请求转化为符合其规定的格式,然后将请求发送到各数据库,在得到数据库的返回结果后,智能搜索器再将不同数据库的结果转化为统一的格式,并发送到浏览器端显示给用户。

---

① 栾芳芳,韩全惜. 图书馆数字资源整合方式比较调查分析[J]. 现代情报,2007(12):94—98.

② 崔瑞琴,孟连生. 数字信息资源整合问题研究[J]. 图书情报工作,2007(7):35—37.

三、电子资源发现系统

发现系统(DiscoverySystem)是一种近年来出现的整合信息资源的新方式,它是预先为图书馆本地和远程资源建立一个集中索引仓储,用户通过一个类似 Google 的单一检索框检索这个仓储以实现资源的一站式检索①。

长期以来,图书馆界一直通过各种努力对数字资源进行整合,如前文提及的在主页建立数据库的导航,提供检索结果到全文的链接服务以及建立联邦检索系统等方式,尽管取得了一定的效果,但均在揭示深度、整合范围和检索结果处理等方面存在着难以克服的局限性,一种新的整合方式便因此应运而生。

这一电子资源整合方式被称为资源发现系统,通过抽取、收割、清洗及导入等方式,对来自异构资源的元数据和部分对象数据进行标引,在形成规整的元数据索引后,提供界面友善、便捷统一的入口供用户检索所需资源。预先设定的元数据仓储和功能强大的原文获取链接系统,使这一整合模式在数据的分析、重组、挖掘等方面呈现出明显优势,检索的速度、深度和结果显示的有序化也得到大幅提升。资源发现系统自 2008 年面世后,市场发展势头迅猛,成为全球数以千计图书馆用户在数字资源整合建设上的首选。目前,Summon、Primo 和 EDS 是全球范围内的三大发现资源系统。

Summon 是 ProQuest 公司旗下的子公司 Serial Solution 于 2009 年 7 月推出的全球首家网络级资源发现系统,也是目前唯一基于统一内容索引的资源发现系统。其索引内容目前已有记录 1 亿逾条,覆盖期刊出版商 9000 逾家,种数超过 10 万种,且每日仍在不断更新中②。

① 陈秀秀.基于发现系统的图书馆数字资源整合探析[J].四川图书馆学报,2012(6):21—24.

② The Summon® Service[EB/OL].[2015 - 11 - 05].http://www.proquest.com/products-services/The-Summon-Service.html#resources.

Primo 是规模最大的全球图书馆自动化软件厂商 Ex Libris 公司开发的图书馆统一资源发现与获取门户系统,其发现与获取服务均基于 Web 2.0 标准构造,结合 SFX 开放链接服务系统,可实现了与图书馆 OPAC 系统的无缝内嵌集成,同时具有极强的个性定制自由度。2010 年 6 月正式发布了基于云环境的集中式索引 Primo Central,将重心进一步转向索引数据的质量及资源的优化上①。同时,依托其独有的 SFX 日志数据而建立的 BX 学术推荐服务和热点文章推荐服务,使研究者能更全面地获取所关注学科的前沿及深度资源。EBSCO Discovery System 是 EBSCO 公司于 2010 年 1 月发布的一站式资源发现系统。EDS 的最大特色是其受控主题词表,这使得 EDS 在相关度排序及按主题分面检索等方面能够提供更为精准的检索结果,并基于用户的搜索历史做出预测②。这一功能与 BX 类似,使对资源的“搜索”更接近“发现”层面。上述三大发现系统的情况比对详见表 6－2。

表 6－2　三大发现系统情况比对

产品	Summon	Primo Central	EDS
产品平台	利用全新的技术、专门为发现服务设计的、专门处理信息时代下海量电子资源的平台	在 4 年前建立原 Primo 平台上构建的	采取平台合一(Platform blending)的技术,使新的 EDS 平台可以与 EBSCOhost 平台融合,以便在 EDS Base Index 外,有效整合用户所订购高质量的二次文献元数据,提高检索结果的相关度排序

① Primo Central——高质量学术资源的集中式索引[EB/OL].[2015－11－05]. http://www.cceu.org.cn/support/documents/primocentral_chi.pdf.

② EBSCO Discovery Service[EB/OL].[2015－11－05]. https://www.ebscohost.com/promoMaterials/Discovery_Flyer_2013.pdf.

续表

产品	Summon	Primo Central	EDS
服务模式与体系架构	基于云计算的SaaS(Software as a Service)模式,单一型架构,不含联邦检索	基于云计算的SaaS(Software as a Service)模式及本地(本地Primo+远端Primo Central),含联邦检索	基于云计算的SaaS(Software as a Service)模式,数据采用基于元数据仓储的检索,可采用或不采用联邦检索(非必要选项)
与OPAC系统的融合程度	提供馆藏信息链接,直接调用集成管理系统OPAC模块与界面,可显示馆藏位置与实时流通信息	与OPAC深度整合,集成个人图书馆的几乎全部功能,以取代OPAC为目标	可呈现馆藏位置与实时状态,支持用户互动性操作
与WOS集成度	可显示文章引用情况	可显示文章引用情况	可显示引用次数,并与WOS互联
收录范围	10 000多家出版商的内容,超过13.4万种期刊	覆盖152家数据库资源供应商,涵盖期刊10万多种、图书800万种	涵盖约2万个期刊出版社及7万个图书出版社。包括20多万种期刊和杂志,600万种图书
OA资源和免费资源集成情况	集成136个OA数据库及平台,可检索并访问来自73个机构的257个特藏数据库,可全文检索HathiTrust	集成83种OA资源数据库及平台	集成3225多种OA资源,包括HathiTrust

续表

产品	Summon	Primo Central	EDS
元数据总量	收录约24亿条数据记录,90多种资源类型,与10 000余家出版社合作,数据每日更新	收录索引记录超过12亿条,仅列出部分出版商列表,数据每月更新,时效性欠佳	收录约15亿条数据记录,与2万个期刊出版社及7万个图书出版社。列出部分资源类型(315种),数据每日更新
元数据情况	所有数据直接和厂商签约获得,数据质量高且稳定性好,并经过匹配、丰富、合并、去重等过程后形成厚元数据(rich metadata),包含全文数据	元数据的获得是通过用户自己上传数据(如馆藏目录中的数据)和与出版社签约收割相结合,以及公开的第三方数据(如CrossRef),数据质量参差不齐;第三方元数据大多是不完整的元数据、薄的元数据(thin metadata),缺少摘要、主题词、作者等,且不能实现全球共享数据更新	所有数据直接和厂商签约获得,且99%以上均为厚元数据且大都具备主题词表,包含全文数据。EDS是所有发现服务商中唯一可以涵盖最多的二次文献数据,如PsycINFO,Inspec,EconLit,BA,ATLA,CAB Abstracts,FSTA,RILM等全球知名的各学科二次文献
检索的开放性	开放式检索	开放式检索	开放式与非开放式两种检索方式

续表

产品	Summon	Primo Central	EDS
扩展情况	具有 API 接口,可使用自行开发的界面或与其他系统实现无缝整合	基于开放的体系结构,广泛支持相关业界标准,提供开放接口,允许图书馆进行个性化二次开发	提供插件集成功能,可通过标准的 API 接口及 Widget JAVA 编程接口实现新的 EDS 插件及与各大 ILS 系统无缝整合
本土化情况	实现与 CNMARC 的相互映射,支持包括古籍资源和特殊文字在内的绝大多数中文字符集,有本地技术支持团队及中文数据处理经验	系统实现汉化,支持中文切分和简、繁体汉字通检,有本地技术支持团队及中文数据处理经验	支持 CNMARC/CMARC 等中文切分和简、繁体汉字通检,有本地技术支持团队及中文数据处理经验
用户情况	1067 家以上(国内 40 家)	1800 家以上(国内 21 家)	8000 家以上(国内 58 家)
系统特色功能	有数据库推荐服务及相关书籍推荐服务,整合 Altmetrics、WOS、Scopus 引用信息,并且新增辅助边框	可视化功能(标签云,学科热点走势图),提供学术文献推荐服务(BX)、Web 2.0 功能及检索结果 FRBR 化显示	包含专业受控主题词表,基于不同学科资源建立子发现平台,结果列表包括影像预览及 Plum Print 替代计量等扩展学术交流等功能

注:表中所述内容来自 ProQuest 及 EBSCO 厂商工作人员及相关研究①,相关数据信息有效期截至 2014 年 12 月。

① 秦鸿,钱国富,钟远薪. 三种发现服务系统的比较研究[J]. 大学图书馆学报,2012(5):5—11.

学术资源浩如烟海,单独一馆的文献保障力度总是有限的。在Web 2.0的大背景下,发现系统的“发现”作用更显得意义非凡。图书馆在资源发现系统选型过程中,通常需从元数据、架构与功能、检索与界面以及商务因素四个角度进行评估,选择能更好覆盖本馆资源,切实提高资源使用频率与资源发现效率的系统。

四、元数据

元数据(Metadata),是指描述数据的数据(data about data),在图书馆等信息资源收藏与管理机构中,元数据是指关于信息资源或数据的一种结构化的数据,是对信息资源的结构化的描述。其作用为描述信息资源或数据本身的特性和属性。规定数据化信息的组织,具有定位、发现、证明、评估和选择功能。

作为一种信息资源的描述与管理工具,元数据对于数字图书馆环境下的资源组织、整合及知识挖掘等工作意义重大。标准规范、格式统一的元数据是用户实现一站式获取所需资源的前提。图书馆将因此大大提升知识检索的查准率,使用户能够更准确地发现、识别并评价资源,并对相关的信息资源进行选择、定位和调用。同时,元数据记录中所包含的资源使用信息及权限信息等元素,可以帮助用户追踪资源在使用过程中的变化,实现信息资源的有效管理和长期保存。

元数据的种类一般分为:描述性元数据、管理性元数据、结构性元数据、保存性元数据。元数据涉及语义、句法与内容标准三个层级:语义定义了元素的含义,不同元数据标准有其相应的元素设置及字段定义。在对比研究或相互操作时,可以发现表示同一语义的元素在不同元数据集中的不同表现形式,因而明确的语义定义也是实现不同元数据标准间进行互操作的基础;句法是指句子的结构方式以及支配句子结构的规则,即著录资源时所采取的语言,如MARC、HTML及XML等;内容标准则包括数据元素的规范格式及内部赋值的标准(如分类表、主题词表等)。

1. MARC

MARC 是机读目录(Machine-Readable Catalogue)的英文缩写。是一种以代码形式和特定结构记录在存储载体上,可由某种特定机器及计算机阅读、控制、处理和编辑出的目录格式。国际上常用的机读目录格式包括 MARC21 和 UNIMARC。

MARC 格式因广泛用于书目信息记录而为人熟知。1995 年,美国国会图书馆在数字图书馆项目发展的过程中,采用 MARC 格式作为使用的几种元数据格式之一,并做了一些修改和规定,最重要的一点是增加了电子资源地址与存取字段(即 856 字段,包括 27 个子字段,可重复),记录被著录的数字对象或与之相关的其他电子资源的存储地址和存取方式。

目前,已有学者对 MARC 数据转换为 XML 语言展开研究,旨在解决从 MARC 专用数据向通用的机器可读、可理解的元数据转换的问题,这使得 MARC 书目记录数据库和互联网上的数字资源数据库的集合成为可能,从而使现有的大量 MARC 数据在数字图书馆中得以充分利用,扮演重要的角色。

2. DC

都柏林核心元素集(Dublin Core Element Set),简称都柏林核心(Dublin Core,DC),是一种跨领域的信息资源描述标准。在其最新的 1.1 版本中,包括简化形式(Simple Dublin Core)和限定形式(Qualified Dublin Core)两个层级,简化形式共包含 15 个核心元素,每一个元素都是可选且可以重复的,具体如表 6 - 1 所示。限定形式除上述 15 个元素以外,还额外增加了对象(Audience)、出处(Provenance)及权限持有人(RightsHolder)三个元素,以及旨在完善元素语义从而有利于资源发掘的一组限定符(Qualifier)。

DC 具备内在性(intrinsicality)、可扩展性(extensibility)、独立句法结构(syntax independence)、可选择性(optionality)、可重复性(repeatability)及可修改性(modifiability)等特性。作为一套几乎适用于描述各种网络信息资源、简单易用的元数据元素集,DC 在经过近 20 年的发展后，已被翻译成20多种语言，并在世界范围内得到了广泛的研究和采纳。

表6-1　Dublin Core核心元素表

内容 (Content)	知识产权 (Intellectual Property)	例示 (Instantiation)
题名(Title) 主题(Subject) 类型(Type) 来源(Source) 作品关系(Relation) 覆盖范围(Coverage)	创建者(Creator) 出版者(Publisher) 其他责任者(Contributor) 权限信息(Rights)	日期(Date) 资源标识(Identifier) 文件格式(Format) 语种(Language)

注：表中核心元素均已获ISO标准15836(2009年2月)①、ANSI/NISO标准Z39.85(2012年2月)②、IETF RFC 5013(2007年8月)③认可。

上述元素属于元数据词汇表和技术规范的一部分，这些术语规范均由都柏林核心元数据向导计划(Dublin Core Metadata Initiative，DCMI)负责维护。完整的术语(DCMI Metadata Terms，DCMI-TERMS)还包括资源分级表(DCMI Type Vocabulary，DCMI-TYPE)，词汇编码方案，句法编码方案。在句法编码方面，DC目前在文本(DC-TEXT)、超文本标记语言(DC-HTML)、可扩展标示语言(DC-DS-XML)及资源描述框架(DC-RDF，采用XML语言)四种方式上均已提供规范的指导方针。

3. XML

可扩展标记语言XML(Extensible Markup Language)是由万维网联

---

① ISO 15836[EB/OL].[2015-09-20]. http://www.iso.org/iso/search.htm? qt=15836&searchSubmit=Search&sort=rel&type=simple&published=on.

② NISO Z3985[EB/OL].[2015-09-20]. http://www.niso.org/apps/group_public/download.php/10256/Z39-85-2012_dublin_core.pdf.

③ RFC 5013[EB/OL].[2015-09-20]. http://www.ietf.org/rfc/rfc5013.txt.

盟(World Wide Web Consortium,W3C)于1998年发布的一种用于网络环境下数据交换与管理的通用数据格式描述规范,可被视为一种标准化的元数据语法规范。它为用户提供了灵活的标记扩展机制,致力于建立一个相对简单、通用、标准的文献内容与组织结构描述方法,使其独立于任何系统、设备、语言和应用。因此,XML非常适合万维网的传输,可以提供统一的方法来描述和交换独立于应用程序或供应商的结构化数据,也是当今处理分布式结构信息的有效工具。目前,基于XML的元数据有PICS、Web Collections、CDF、MCF和RDF等。

4. RDF

RDF全称为Resource Description Framework(资源描述框架),是W3C提出的一种用于描述网络信息和资源的标记语言,专门用于描述Web资源中的元数据。RDF可以看作为一种标准化的元数据语义描述规范,RDF通过基于XML语法的明确定义的结构化约定来帮助建立语义协定与语法编码之间的桥梁,以此来促进元数据的互操作能力。其数据模型采用主、谓、宾三元组形式描述资源。其中,主体代表资源本身,谓词代表资源属性,客体代表属性值。同时,采用有向标记图(Directed Label Graph)作为基本数据模型,用URI(Uniform Resource Locator)地址无二义性地描述了各种资源,提供了一种机器可理解的元数据描述框架。RDF本身并不规定语义,但是它为每一个资源描述体系提供一个定义反映其特定需求的语义结构的能力。因此,RDF是一个开放的元数据框架。鉴于W3C的影响力,RDF很有可能成为未来元数据的标准架构。

第三节 电子资源的长期保存

一、电子资源长期保存的含义

电子资源长期保存指采取一定的管理策略、技术策略,对具有保存价值的电子资源进行长期的存储管理，避免因意外损坏、存储介质退化或硬件过时等原因造成的损失，保障电子资源的长期生存能力、可呈现能力和可理解能力①。

由于电子资源格式和载体的多样性及对环境的依赖性，电子资源比印刷型资源更容易损坏或消失。其自身的特点为其长期保存带来了很大挑战②：

（1）在物理存储方面，电子资源及其所依赖的存储载体较不稳定，容易受环境影响而损坏，使信息本身无法读取甚至消失。

（2）在信息技术方面，电子资源的处理过程必须依赖特定的软/硬件才能进行，而信息技术的快速变化使得硬件和软件都在不可预测地老化。

（3）在资源使用方面，信息机构多数情况下仅购买了电子资源的使用权，而数据库商或其委托的镜像服务商有可能终止经营或者停止向用户提供服务。

这些特性呈现了电子资源的脆弱性，而电子资源一旦无法使用将带来很多问题。因此，随着电子资源数量的日益增多，如何构建合理的电子资源保存体系，制定合理的电子资源保存策略，将大量记载着人类文化遗产的电子资源进行有效保存，为今后的数字信息提供保障，是图书馆及各信息情报机构亟待解决的问题。

电子资源的长期保存是一项复杂而系统的工作，涉及数字保存的格式与标准、保存策略与方法、保存元数据、知识产权、保存成本等一系列问题。通常，电子资源长期保存涉及以下内容③：

（1）保存完整的数字信息内容。保存电子资源的最低级别要求就是保存完整的比特流。通过对资源存储介质的保护或迁移，确保存储

---

① 毕强. 数字信息资源开发与利用［M］. 北京：科学出版社，2009.

② 邢军. 国家图书馆数字资源长期保存现状与研究［J］. 数字与缩微影像，2011（4）：18—22.

③ 王伟. 数字资源长期保存的技术研究［J］. 情报科学，2012（11）：51—54.

其中的数据能被准确完好地读出。

(2)保存数字信息的功能。数字信息的功能远远超出传统信息,可包含以超文本形式存在的多媒体成分,或由数字存储器自动产生的动态成分,需要完整地保存多种形式的信息。

(3)保存元数据。元数据可以呈现数据形成时的背景信息和环境,记录电子资源的结构及形成、存储、检索、利用的全过程。

(4)保存数字格式与处理信息。通过保存有关数字信息编码、格式、标记、结构、压缩、加密等方面的技术方法信息,确保电子资源能够被识别和解析。

(5)保存数字信息的管理手段。包括数字信息的内容校验、身份认证、版本演变、知识产权管理机制、信息安全机制等,确保电子资源的可靠性和合法性。

二、电子资源长期保存的工具及方法

在电子资源的长期保存工作中,可采用的保存方法包括数字迁移、仿真、数据更新、风干、数据恢复与数据考古、封装技术、标准化技术等[1]。其中数字迁移和仿真是较为广泛使用的保存技术。

1. 数字迁移(Migration)

数字迁移是指随技术变化而定期转换数字资源的一种处理过程,它将数字资源从一种技术环境向另一种技术环境上转换。数字迁移的目的是在面对不断变化的技术时,保留电子资源的展示、检索、操作和使用能力。目前主要存在三种类型的迁移策略[2]:

(1)存储介质迁移。即将数字资源从稳定性较低的介质迁移到稳定性较高的介质上,从对软件依赖性较强的格式迁移到对软件依赖程

---

① Digital preservation[EB/OL].[2015-10-27]. https://en.wikipedia.org/wiki/Digital_preservation.

② 季士妍. 国家图书馆数字资源长期保存数字迁移实践[J]. 数字图书馆论坛,2015(2):21—28.

度较低的格式上。

(2)文件格式迁移。在不影响资源内容和功能的前提下,将多种多样的数字对象格式简化成易操作的标准格式,适用于海量复杂的电子资源的长期保存。

(3)按需迁移。指在明确获知文件格式不适用时而进行的资源格式的迁移。该类迁移策略的特点为:每次迁移均以原始文件为中心,并且永久的保存原始文件及元数据,真正实现了资源的长期保存。

迁移是当前技术条件下进行电子资源长期保存普遍采用的技术方法,根据 OAIS(Open Archival Information System)参考模型的长期保存规划,为维护数字对象的长期可生存能力、可呈现能力和可理解能力,数字迁移被认为是一种有效的保存策略。

2. 仿真(Emulation)

仿真,即在新的系统环境下重建一个兼容原始数据、设备及其管理系统的运行环境,使原来的数据、设备和系统能在现行软件、硬件系统上运行①,其原理是通过保护数字信息的运行环境来保障数字信息的可利用性。仿真技术的特点是能再现初始电子资源的功能与外观,适用于不方便进行数字迁移的复杂的电子资源。

目前的仿真技术有三个级别:应用程序仿真、操作系统仿真、硬件平台仿真,都利用中间媒体层或虚拟计算机实现。通用虚拟计算机(UVC)是近年来由 IBM 公司设计的一个方便开发仿真工具的平台。

3. 数据更新(Refreshing)

数据更新指通过拷贝方法将数据流从旧存储介质转移到新存储介质上,保护数据本身不受存储介质恶化的影响。拷贝过程需要周密的计划将数字信息转移到新的存储介质上。在拷贝过程中往往需要通过校验和(Checksum)或数字摘要(Digital digest)等技术来检验拷贝后数据流与原始数据流的一致性。虽然有些数字信息可直接转移存储,却容易造成相关结构、链接、压缩、加密信息等内容的丢失。因此

① 赵永超. 基于仿真的数字资源长期保存策略[J]. 情报探索. 2009(1):89—91.

仅依靠数据更新来进行电子资源长期保存具有局限性①。

4. 风干(Desiccation)

在电子资源长期保存领域中,“风干”是指从复杂的数字对象格式中提取有价值的内容,保存简单的、技术含量较低、机器易于还原和易被理解的数字对象格式的过程。基于风干这一策略,要在保存数字对象的原始版本之外,保存一个简易版、经过干燥处理的数据版本。这是电子资源保存策略的附加方案,是一种以防万一的策略②。

5. 数据恢复与数据考古(Data Archaeology)

数据恢复与数据考古是从原始的字节流中恢复数字资源的原貌,并保证数字资源的可读性和可用性。数字恢复包括数据灾难恢复、数据格式恢复等。数据恢复是具有技术挑战性的技术方法,值得注意的是,如果已经无法获取数字资源的原貌,就无法评估数据恢复的成果。

6. 封装技术(Encapsulation)

封装是在对数字资源进行包装过程中,将该数字资源所需的运行环境,如动态链接库、运行环境等一起打包,从而实现在其他环境下的运行。

7. 标准化技术(Normalization)

将数字资源转换成一种或多种主流格式,比如 XML 等特定的格式。标准化的优点在于只需维护少量格式,缺点在于可迁移资源的不足、格式不灵活,在格式选择上可能存在失误。

三、电子资源长期保存的实践(项目)

国外电子资源长期保存的理论和实践起步于 20 世纪 90 年代初,数字资源长期保存项目也得以开展。我国电子资源长期保存的研究始于 20 世纪 90 年代末,迅速成为各信息管理与图书情报机构的研究

---

① 张晓林. 数字信息的长期保护问题[J]. 图书馆,2001(5):7—12.

② 吴振新,张智雄,郭家义. 数字信息资源长期保存技术策略分析[J]. 现代图书情报技术. 2006(4):8—13.

热点，很多国内信息机构也开展了数字资源长期保存的项目。

电子资源长期保存的一个重要进展是OAIS（Open Archival Information System，OAIS）参考模型的提出[①]。OAIS参考模型由美国国家航空和航天局（NASA）的空间数据系统咨询委员会（CCSDS）研制并被国际标准化组织（ISO）采纳为国际标准，它不仅对数字信息资源长期保存的概念术语进行了规范，还建立了指导信息长期保存系统规划与设计的概念框架，并对电子资源保存系统的存在环境、功能组织以及信息基础结构等进行了描述，已经成为世界范围内数字信息资源长期保存系统普遍遵从的核心标准。早期的电子资源长期保存项目多以OAIS参考模型为基础。目前具有代表性的项目有澳大利亚的PANDORA项目、荷兰的NEDLIB项目、美国的NDIIPP项目、美国斯坦福大学的LOCKSS项目、英国CEDARS项目、德国的NESTOR项目以及中国国家图书馆的WICP项目和北京大学的中国Web信息博物馆项目。

1. 澳大利亚的PANDORA项目

PANDORA（Preserving and Accessing Networked Documentary Resources of Australia）项目[②]，即保护和存取澳大利亚网络信息资源项目。该项目在设计中考虑数据内容、数据技术环境、数据描述和数据保存者等多方面的内容，包括标识符、创建日期、结构类型等25个元数据单元。该项目旨在建立一个具有长期保存价值的澳大利亚网络信息资源归档系统，为保护和存取澳大利亚电子资源制定政策和程序。

2. 以荷兰为领导的NEDLIB项目

NEDLIB（Networked European Deposit Library）项目[③]，即网络化欧

---

① 罗毅. 数字信息资源长期保存的主要问题及研究进展［J］. 信息资源管理学报，2014（2）：22—36.

② National Library of Australia：Preservation Metadata for Digital Collections［EB/OL］.［2015－11－01］. http://www.nla.gov.au/preserve/pmeta.html.

③ Networked European Deposit Library. Metadata for long term preservation［EB/OL］.［2015－11－01］. http://www.kb.nl/coop/nedlib/results/perservation-metadata.pdf.

洲存储图书馆项目，由荷兰国家图书馆牵头，欧洲7个国家图书馆（荷兰、法国、挪威、德国、葡萄牙、瑞士、意大利）以及3个主要出版社KLUWER、ELSEVIER、SPRINGER-VERLAG参与，以合作项目形式研究长期保存基础结构。该项目构建了电子资源长期保存元数据集，共包含硬件要求、操作系统、对象格式等8个元素。其目的是研究欧洲存储图书馆机制，以保证电子出版物的长期获取。

3. 美国的NDIIPP项目

NDIIPP（National Digital Information Infrastructure Preservation Program）即国家数字信息基础设施和保存计划，是以美国国会图书馆为主导，联合美国诸多大学图书馆、研究机构、商业组织对数字资源进行收集、保存的项目。作为国家级的数字资源保存项目，NDIIPP包括8个子项目，内容基本包括了当前各类数字载体的信息，如Web信息、视频、音频、数字期刊、电子图书、数字电视等内容，构建了一个数字资源长期保存的国家策略，为其他部门的数字资源长期保存计划提供借鉴和支持。NDIIPP的主要工作是通过建立国家合作伙伴网络、数字保存合作框架来保存具有历史价值的重要数字资源，其最终目标是建立国家范围内合作分担数字资源保存责任的国家网络。

4. 美国斯坦福大学的LOCKSS项目

LOCKSS由美国斯坦福大学图书馆发起并组织实施，受美国国家自然基金、Sun公司以及Mellon基金支持。该项目通过建立出版商与图书馆之间的协作平台，为出版商和图书馆提供电子期刊数据保存和访问服务，使出版商和图书馆之间的协作变得更方便、快捷和易于控制，并有利于电子期刊资源的永久保存。

5. 英国的CEDARS项目

CEDARS（CURL Exemplars in Digital Archives）即高校研究图书馆联盟数字存盘样书项目[①]，是由英国JISC（Joint Information Systems

① Cedars guide to preservation metadata[EB/OL].[2015-11-01]. http://www.leeds.Ac.uk/cedars/guideto/metadata/guidetometadata.pdf.

Committee of the Higher and Further Education Funding Councils，高等及继续教育基金会联合信息系统委员会）资助建立的，致力于研究电子资源保存的策略、方法和实际问题，包括数字对象的获取、长期保存、有效描述和永久获取。CEDARS 的成果是研究了数字资源长期保存的战略框架和具体方法，并建立了一个分布式的长期存储系统和支持数字资源长期保存的 CEDARS 元数据。

6. 德国的 NESTOR 项目

NESTOR（Network of Expertise in Long-term Storage of Digital Resources）项目，是由德国教育和研究委员会资助的数字资源长期保存项目，由德国国家图书馆负责。其主要目的是：增强并推广数字资源长期保存意识和理念，建设信息网络平台，收集相关技术、组织、法律和其他方面信息，发布现有调查研究、项目以及实践信息；在信息机构（图书馆、博物馆、档案馆）、企业、研究机构之间建立本国和国际战略联盟，共同解决电子资源长期保存问题，建立稳定的组织模型，便于合作项目的开展。

7. WICP 项目

WICP（Web Information Collection and Preservation）项目，即网络信息资源的采集与保存试验项目，是 2003 年年初由中国国家图书馆启动的关于网络信息资源保存问题的研究项目。该项目积极探索信息资源的采集与保存的相关法律、技术、标准等问题，在进行网络信息的采集和保存时，对静态网页（表层网页）和动态网页（深层网页）采取不同的策略，形成对应的两个子项目，即网络信息资源采集与保存试验项目（WICP）和网络数据库导航项目 ODBN（Online Database Navigation）①。

网络信息资源采集与保存试验项目（WICP）的业务流程主要包括：

（1）收集对象的发现：工作人员上网浏览，利用搜索引擎收集；

① 黄旭，毕强. 国外数字资源长期保存研究现状与进展[J]. 图书馆学研究，2009(1)：25—28.

(2)对象的调研:联系网站管理员,调查收集对象的各种特征,明确网站所有机构名、网站开通日期、网页更新频率等;

(3)信息版权处理:电子邮件发送版权声明,询问可否下载、下载深度,可否公开、何时公开、公开方式等;

(4)收集对象描述、分类:网站名、版权所有者、开通日期分类、主题等;

(5)收集条件的设置:收集频率、启动时间等;

(6)实施收集;网络机器人开始启动;

(7)数据校验和整合:对收集到的数据进行校验,查找失败的原因进行二次收集;

(8)对象编目:MARC 输入数据录入到 Aleph500X 系统中,DC 书目数据录入到试验系统中。

国家图书馆开展保存试验项目的目的是通过试验发现网络文献收集、整理、编目、保存和服务中存在的问题,提出解决问题的方案;确定保存对象,根据其特点确定技术路线和策略;试验性收集、整理、保存数据并提供服务;提出业务整合的方案。它不仅为我国网络信息资源保存实践开辟了新路,也为今后的保存实践提供了宝贵的经验。

8. 中国 Web 信息博物馆项目

中国 Web 信息博物馆是由北京大学计算机网络与分布式系统实验室主持开发的中国网页历史信息存储与展示系统,包括历史网页存储系统和回放系统两个部分。目前系统可收集中国所有静态网页,并提供历史网页的存盘和回放,已维护近十亿个以中文为主的网页,并以平均每月 1000 万页的速度扩大规模。它的使命是以一种集中的形式,全面展现中国互联网上信息的历史,为社会提供海量网络信息产品,供相关科研人员进行研究。

参考文献

[1] 吕淑萍,罗云川. 图书馆数字资源统计标准和应用指南[M]. 北京:国家图书馆出版社,2010.

[2] 肖珑. 数字信息资源的检索与利用[M]. 北京:北京大学出版社,2012.

[3] 谢新洲. 电子信息源与网络检索[M]. 北京:北京图书馆出版社(今国家图书馆出版社),1998.

[4] 高红,朱硕峰,张玮. 世界各国图书馆馆藏发展政策精要[M]. 北京:海洋出版社,2010.

[5] 戴龙基. 文献资源发展政策研究[M]. 北京:北京大学出版社,2007.

[6] 齐东峰. 浅谈电子资源采选的原则与方法——以国家图书馆为例[J]. 四川图书馆学报,2011(6).

[7] 张静,张西亚,邵晶. 高校图书馆电子资源经费分配原则及影响预算的因素分析[J]. 现代情报,2008(8).

[8] 朱硕峰,宋仁霞. 外文文献信息资源采访工作手册[M]. 北京:国家图书馆出版社,2014.

[9] 白新勤. 图书馆实施读者决策采购(PDA)的基本路径探讨[J]. 图书情报工作,2013,57(5).

[10] 肖珑,姚晓霞. 我国图书馆电子资源集团采购模式研究[J]. 中国图书馆学报,2004(5).

[11] 杨毅,周迪,刘玉兰. 电子资源集团采购模式的探讨[J]. 图书情报工作,2005,49(9).

[12] 卫俊杰,续穆. 图书馆联盟电子资源集团采购分析研究[J]. 农业图书情报学刊,2015,27(7).

[13] 尹高磊,郑建程,王晓萌. 基于国家许可模式的数字资源遴选方式研究[J]. 图书馆学理论研究,2010,54(21).

[14] 强自力. 电子资源的"国家采购"[J]. 图书情报工作,2003(4).

[15] 毛凌文. 文献资源单一来源采购[J]. 图书馆理论与实践,2009(9).

[16] 新闻出版总署公布核发的具有出版物经营许可证的出版物进出口经营单位名单[EB/OL]. [2009 - 07 - 15]. http://www. gapp. gov. cn/dwjlhz/dwjlhz_

old/contents/3646/141287. html.
[17] 索传军. 电子资源服务绩效评估的含义及影响因素分析[J]. 图书情报知识, 2005(12).
[18] 稂丽萍. 电子资源采访中协议签订初探[J]. 图书馆建设,2010(7).
[19] 荷莉 · 于. 图书馆电子资源管理:研究与实践[M]. 齐凤艳,李春利,魏治国, 译. 大连:大连理工大学出版社,2014.
[20] 程文燕,孙坦,黄国彬. 电子资源许可协议模型研究[J]. 图书情报工作, 2008,58(2).
[21] 潘菊英,朱远坡. 图书馆电子资源许可协议条款研究[J]. 图书馆论坛,2011, 31(4).
[22] 林泽明,钟萍. 图书馆招标采购实务[M]. 北京:中国电力出版社,2014.
[23] 中华人民共和国政府采购法[EB/OL]. [2015 - 11 - 10]. http://www. ccgp. gov. cn/zcfg/gjfg/201310/t20131029_3587339. htm.
[24] 李国强. 政府采购理论与实践研究[D]. 吉林:吉林大学经济学院,2004.
[25] 杨秋实. 图书馆数字资源政府采购问题研究[J]. 图书馆工作与研究,2010 (3).
[26] 郭依群. COUNTER——网络化电子资源使用统计的新标准[J]. 大学图书馆学报,2005(2).
[27] 李洪. 新版 COUNTER 的特征及未来发展[J]. 中国图书馆学报,2012(11).
[28] 张红霞. 图书馆统计国际标准 ISO2789:2006 解读[J]. 新世纪图书馆,2010 (1).
[29] 刘蔚,王长宇. ISO2789、NISO Z39. 7 和 E-Metrics 数字资源评价标准比较[J]. 图书馆学刊,2010(8).
[30] Cookie[EB/OL]. [2015 - 09 - 11]. http://baike. baidu. com/subview/835/5062332. htm.
[31] 远程访问[EB/OL]. [2015 - 09 - 11]. http://baike. baidu. com/link? url = GZV0cmaGD3qq2q3FyDK-NK0gb6SWR13HMAWwReP_Ww2DQTE8jWBqet05rN69CrSvTTgvJ45qpLEKWvYhmjhvZa.
[32] 李晓东,卢振波. 校园网外远程直接访问电子资源实现技术分析与研究[J]. 情报理论与实践,2007(1).
[33] 李春明. 基于数字电视的国家数字图书馆服务实践[J]. 北京:国家图书馆学刊,2012(2).

[34] 国家图书馆年鉴(2014)[EB/OL].[2015－09－20]. http://www.nlc.cn/dsb_footer/gygt/ndbg/nj2014/201507/P020150720511073216414.pdf.

[35] 马文峰,杜小勇. 数字资源整合:理论、方法与应用[M]. 北京:北京图书馆出版社(今国家图书馆出版社),2007.

[36] 栾芳芳,韩全惜. 图书馆数字资源整合方式比较调查分析[J]. 现代情报,2007(12).

[37] 崔瑞琴,孟连生. 数字信息资源整合问题研究[J]. 图书情报工作,2007(7).

[38] 陈秀秀. 基于发现系统的图书馆数字资源整合探析[J]. 四川图书馆学报,2012(6).

[39] 秦鸿,钱国富,钟远薪. 三种发现服务系统的比较研究[J]. 大学图书馆学报,2012(5).

[40] 毕强. 数字信息资源开发与利用[M]. 北京:科学出版社,2009.

[41] 王伟. 数字资源长期保存的技术研究[J]. 情报科学,2012(11).

[42] Digital preservation[EB/OL].[2015－10－27]. https://en.wikipedia.org/wiki/Digital_preservation.

[43] 季士妍. 国家图书馆数字资源长期保存数字迁移实践[J]. 数字图书馆论坛,2015(2).

[44] 赵永超. 基于仿真的数字资源长期保存策略[J]. 情报探索,2009(1).

[45] 张晓林. 数字信息的长期保护问题[J]. 图书馆,2001(5).

[46] 吴振新等. 数字信息资源长期保存技术策略分析[J]. 现代图书情报技术,2006(4).

[47] 罗毅. 数字信息资源长期保存的主要问题及研究进展[J]. 信息资源管理学报,2014(2).

[48] 黄旭,毕强. 国外数字资源长期保存研究现状与进展[J]. 图书馆学研究,2009(1).

[49] Johnson S,Evensen O G,Gelfand J,et al. Key Issues for e-Resource Collection Development:A Guide for Libraries[EB/OL].[2012－05－11]. http://www.ifla.org/publications/key-issues-for-e-resource-collection-development-a-guide-for-libraries.

[50] Hahn T B. Online Database and Information Retrieval Services Industry[M]//Encyclopedia of Library and Information Sciences, 3rd ed. London: Taylor & Francis,2010:3963—3973.

[51] Williams M E. The State of Database Today:2006[M]. Gale Directory of Data-

bases,2006. Detroit:Thomson Learning Gale,2006.

[52] Library of Congress. CONSER Cataloging Manual(Module 33. 18)-on Electronic Newspapers[EB/OL]. [2011 - 08 - 24]. http://www. loc. gov/acq/conser/mod33 - 18. pdf.

[53] Budapest Open Access Initiative[EB/OL]. [2015 - 08 - 01]. http://www. budapestopenaccessinitiative. org/.

[54] ROAR. Repository Browse by Country[EB/OL]. [2012 - 08 - 09]. http://roar. eprints. org/view/geoname/.

[55] SCOAP3. Sponsoring Consortium on Open Access Publishing in Particle Physics [EB/OL]. [2012 - 08 - 13]. http://www. scoap3.

[56] Towards open access publishing in high energy physics: Report of the SCOAP3 Working Party[EB/OL]. [2012 - 08 - 13]. http://www. scoap3. org/files/Scoap3WPReport. pdf.

[57] Biblarz D. Guidelines for a collection development policy using the conspectus model[EB/OL]. [2015 - 08 - 01]. http://www. ifla. org/files/assets/acquisition-collectiondevelopment/publications/gcdp-en. pdf.

[58] Johnson S, Evensen O G, Gelfand J, et al. Key Issues for e-Resource Collection Development: A Guide for Libraries[EB/OL]. [2015 - 08 - 01]. http://www. ifla. org/files/assets/acquisition-collection-development/publications/key% 20/ssues% 20for% 20E-Resource% 20Collection% 20Development% 20-% 20August %202012. pdf.

[59] Library of Congress Strategic Plan Fiscal Years 2011 - 2016[EB/OL]. [2015 - 08 - 01]. http://lcweb2. loc. gov/master/libn/about/documents/strategicplan2011-2016. pdf.

[60] Library of Congress Collections Policy Statements Supplementary Guidelines [EB/OL]. [2015 - 08 - 01]. http://www. loc. gov/acq/devpol/electronicresources. pdf.

[61] Collection Development Policy[EB/OL]. [2015 - 08 - 01]. http://www. nl. go. kr/english/c3/page1. jsp.

[62] Collection development policy[EB/OL]. [2015 - 08 - 01]. http://www. nla. gov. au/policy-and-planning/collection-development-policy.

[63] Collection development policy[EB/OL]. [2015 - 08 - 01]. http://www. nla. gov. au/content/collection-development-policy-australian-collecting.

[64] Overseas, Asian and Pacific collecting[EB/OL]. [2015 - 08 - 01]. http://www.nla.gov.au/content/overseas-asian-and-pacific-collecting-policy.

[65] Rhind-Tutt S. What a Tangled Web We Weave: A Review of Pricing Models and the Forces that Drive Them[J]. Against the Grain, 1998, 10(1).

[66] Cox J. Pricing Electronic Information[J]. Serials Review, 2002, 28(3).

[67] Hoffman E. The Canadian National Site Licensing Project and the logic model [J]. The Bottom Line, 2005, 18(1).

[68] Jurczyk E, Jacobs P. What's the Big Deal? Collection Evaluation at the National Level[J]. Portal: Libraries and the Academy, 2014, 14(4).

[69] Turner R. National site licensing and consortia purchasing[J]. Library Consortium Management: An International Journal, 1999, 1(1/2).

[70] Park E G, Choi H N. Korean Electronic Site License Initiative: archiving of electronic journals[J]. Online Information Review, 2006, 30(6).

[71] COUNTER Counting Online Usage of Networked Electronic Resources[EB/OL]. [2015 - 09 - 09]. http://www.projectcounter.org/members.

[72] ANSI/NISO Z39.93 - 2014 The Standardized Usage Statistics Harvesting Initiative(SUSHI) Protocol[EB/OL]. [2015 - 09 - 09]. http://www.niso.org/apps/group_public/project/details.php? project_id = 120.

[73] Frequently asked questions about SUSHI, for developers[EB/OL]. [2015 - 09 - 09]. http://www.niso.org/workrooms/sushi/developers/.

[74] ISO 2789:2013[EB/OL]. [2015 - 09 - 09]. http://www.iso.org/iso/home/store/catalogue_tc/catalogue_detail.htm? csnumber = 60680.

[75] E-Metrics: Measures for Electronic Resources[EB/OL]. [2015 - 09 - 11]. http://old.arl.org/stats/initiatives/emetrics/index.shtml.

[76] Miller R, Schmidt S. E-Metrics: Measures for Electronic Resources[J]. Advances in Library Administration and Organization, 2003, 20.

[77] The Summon® Service[EB/OL]. [2015 - 11 - 05]. http://www.proquest.com/products-services/The-Summon-Service.html#resources.

[78] Primo Central——高质量学术资源的集中式索引[EB/OL]. [2015 - 11 - 05]. http://www.cceu.org.cn/support/documents/primocentral_chi.pdf.

[79] EBSCO Discovery Service[EB/OL]. [2015 - 11 - 05]. https://www.ebscohost.com/promoMaterials/Discovery_Flyer_2013.pdf.

[80] ISO15836[EB/OL].[2015-09-20].http://www.iso.org/iso/search.htm?qt=15836&searchSubmit=Search&sort=rel&type=simple&published=on.

[81] NISOZ3985[EB/OL].[2015-09-20].http://www.niso.org/apps/group_public/download.php/10256/Z39-85-2012_dublin_core.pdf.

[82] RFC5013[EB/OL].[2015-09-20].http://www.ietf.org/rfc/rfc5013.txt.

[83] National Library of Australia: Preservation Metadata for Digital Collections[EB/OL].[2015-11-01].http://www.nla.gov.au/preserve/pmeta.html.

[84] Networked European Deposit Library. Metadata for long term preservation[EB/OL].[2015-11-01].http://www.kb.nl/coop/nedlib/results/perservation-metadata.pdf.

[85] Cedars guide to preservation metadata[EB/OL].[2015-11-01].http://www.leeds.Ac.uk/cedars/guideto/metadata/guidetometadata.pdf.

附录一　主要数据库介绍

一、索引文摘类数据库

1. Cambridge Science Abstract(剑桥科学文摘,CSA)

该数据库是全球使用最广泛的二次文献数据库之一,主要涉及自然科学、技术、社会科学、艺术与人文等4大领域,同时提供众多主题研究数据库、可为用户提供最充分的信息线索,及多种挖掘全文的方式。数据库中的记录不仅包括题录,还有原始文献的摘要,学科范围为:航空航天科学、农业科学、水生生物科学、生物学及医学、计算机技术、工程、环境科学、材料科学、市场研究、社会科学、人文艺术。每个主题下对应有多个数据库。

2. ProQuest Dissertations & Theses:A & I(PQDT 学位论文文摘库)

该数据库收录来自欧美1700多所大学的270多万篇学位论文信息,论文内容涵盖了从1637年全球早期博/硕士论文,到本年度本学期获得通过的博/硕士论文信息。除收录与每篇论文相关的题录外,1980年以后出版的博士论文信息中包含了作者本人撰写的长达350个字的文摘,1988年以后出版的硕士论文信息中含有150个字的文摘。该数据库收录论文大部分可提供前24页免费预览,另有部分开放存取的论文全文。

3. Biography and Genealogy Master Index(传记与谱系索引数据库)

该索引数据库包括了近500万个人物的1700万条传记信息,包含传主的姓名、生卒时间以及人物肖像等,并且提供2000多个出版机构的信息。

4. Chemical Abstracts Web Edition(化学文摘网络版)

《化学文摘》(Chemical Abstracts)收录了世界上150多个国家出版的56个语种1600余种化学化工方面的出版物,年报道量超过70万篇,占世界化学化工文献总量的98%,母体文献达50种语言。该库为《化学文摘》的网络版。

5. Scopus

该数据库是全球规模最大的文摘和引文数据库，收录了 5000 余家出版社出版的超过 18 000 种文献，用户可通过检索 1823 年以来的 4400 万条摘要和题录信息，快速准确的定位全文。涵盖了生命科学、社会科学与人文艺术、自然科学和医学四大门类的 27 个学科领域。

6. EMBASE. com

该数据库是生物医学及药理学文摘数据库，将 EMBASE 和 MEDLINE 相结合，覆盖 70 多个国家和地区的 7000 多种期刊，涵盖各种疾病和药物信息，尤其涵盖了大量欧洲和亚洲医学刊物，记录总数量超过 2000 万条。其特有的生命科学辞典 Emtree 收录了超过 56 000 条优选术语和超过 230 000 条同义词。

7. Engineering Village

该数据库是工程领域二次文献数据库，涵盖一系列工程、应用科学领域高品质的文献资源。数据库收录 5000 多种工程期刊、会议文集和技术报告的超过 1130 万条记录，涵盖 190 余个工程和应用科学领域的资料，在线内容收录年代自 1969 年至今。主要涉及机械工程、土木工程、环境工程、电气工程、结构工程、材料科学、固体物理、超导体、生物工程、能源、化学和工艺工程、照明和光学技术、空气和水污染等领域和其他主要的工程领域。

8. DIALOG 联机情报检索服务

DIALOG 国际联机系统是全球最大的国际联机系统。该平台拥有 600 多数据库，学科领域几乎覆盖所有的科学技术领域，包括科技、法律、金融、社会等各个领域。很多全球著名数据库包括 AGRICOLA 农业文摘，Biological Abstract 生物学文摘，Chemical Abstracts 化学文摘，Engineering Index 工程索引，INSPEC 科学文摘，Medline 医学文摘索引，Science Citation Index 科学引文索引，Social Science Citation Index 社会科学引文索引等在 DIALOG 平台上都有收录。

9. MathSciNet(《数学评论》网络版)

该数据库是美国数学学会(American Mathematical Society)出版的Mathematical Reviews(《数学评论》)的网络版,包含《数学评论》自1940年出版以来的所有评论文章。对1800多种期刊做评选,对400余种数学核心期刊做出全评。目前,中国近150种期刊被选评。MathSciNet含有原始文献的200万多项信息以及710 000多个链接,原始文献涉及220多个出版社,830多种期刊。数据库每年会增加80 000多条新内容。数据库每年还会增长60 000多个由专家所写的评论。

10. Arts & Humanities Citation Index(艺术与人文引文索引,AHCI)

该数据库是针对艺术和人文科学期刊文献的多学科索引,覆盖了超过1600种世界领先的艺术和人文期刊,同时还为从6000多种主要自然科学和社会科学期刊中单独挑选的相关项目编制了索引。收录时间自1975年至今,涵盖学科包括考古学、语言学、建筑学、文学评论、艺术、音乐学、文学、亚洲研究、音乐、古典学、哲学等。

11. Science Citation Index Expanded(科学引文索引,SCIE)

该数据库是针对科学期刊文献的多学科索引,为跨150个自然科学学科的8300多种主要期刊编制了全面索引,并包括从索引论文中收录的所有引用的参考文献。收录时间自1900年至今,涵盖学科包括农业、药理学、生物化学、生物工艺学、物理、材料科学、医学、兽医学、计算机科学、化学、数学等。

12. Social Sciences Citation Index(社会科学引文索引,SSCI)

该数据库是针对社会科学期刊文献的多学科索引,全面涵盖了跨50个社会科学学科的2900多种期刊,收录范围自1900年至今,涵盖学科包括人类学、历史、行业关系、信息科学和图书馆科学、法律、心理学、社会学等。

13. Conference Proceedings Citation Index-Social Science and Humanities(社会科学及人文学科会议录引文索引)

该数据库涵盖了社会科学、艺术及人文科学的所有领域的会议录文献,收录时间范围自1990年至今,涵盖学科包括艺术、哲学、经济学、历史、文学、管理学、心理学、公共卫生学、社会学等。

14. Conference Proceedings Citation Index-Science(科学会议录引文索引)

该数据库涵盖了所有科技领域的会议录文献,收录时间范围自1990年至今,涵盖学科包括农业、计算机科学、农业化学、工程学、生物学、环境科学、生物技术学、医学、化学、物理学等。

15. Index Chemicus(IC)

该数据库包含国际知名期刊所报道的新有机化合物的结构和关键数据,其中可以找到很多有关生物活性化合物和天然产物的新信息。数据库收录范围自1993年至今。

16. Derwent Innovations Index(德温特世界专利创新索引)

该数据库涵盖了来自世界上40个专利授权机构的1430多万项基本发明,结合了来自Derwent World Patents Index和Derwent Patents Citation Index的专利信息资源,支持快速而精确的专利和引文检索,内容涵盖化学、电气、电子和机械工程等领域。借助附加的描述信息和编码可追溯到1963年的专利收录内容,使用者能够快速了解某一专利的重要性及其与其他专利的关系。

17. MEDLINE 医学文摘数据库

该数据库是美国国家医学图书馆的主数据库。包含各生命科学领域的期刊文章,记录超过1200万条,尤其偏重于生物医学领域。该库的来源出版物涵盖基本生物学研究和临床科学,学科类别包括护理学、牙科学、兽医学、药理学、健康相关学科和临床前科学;还包括生命科学方面的内容,包括生物学、环境科学、海洋生物学、植物和动物科学以及生物物理学和化学的某些方面内容。该库收录时间范围自1950年至今。

二、图书全文数据库

18. Early English Books Online(早期英文书籍在线,EEBO)

该数据库收录了现存1473年到1700年间早期英语世界的出版

物全文，由密歇根大学、牛津大学和 ProQuest 公司合作开发，资源总量达12.5万余册，超过2250万页。内容包括知名作家著作、文学资料、历史资料、公共文件、经书等各类型资源，覆盖艺术、历史、文学、数学、宗教、物理学、哲学、政治、心理学等诸多研究领域。

19. Ebrary 电子图书

Ebrary 电子图书整合了来自400多家学术、商业和专业出版商的权威图书和文献，收录了自1990年至今近7万种电子图书，覆盖了商业经济、计算机、技术工程、语言文学、社会科学、医学、历史人文、科技和法律等主要科目的书籍种类。

20. The Making of the Modern World：The Goldsmiths'-Kress Library of Economic Literature 1450—1850（当代世界全文数据库：金史密斯经济文献图书馆 1450—1850）

该资源结合了伦敦大学的金史密斯经济文献图书馆和哈佛大学工商管理研究所的克雷斯商业和经济学图书馆两个著名典藏的内容，并补充了来自哥伦比亚大学巴特勒图书馆和耶鲁大学图书馆的塞利格曼典藏。内容涵盖了政治科学、妇女问题研究、法律史和宗教史，涉及交通、银行、金融和制造业领域的特殊藏书。

21. The Making of Modern Law（当代法律全文数据库）

当代法律全文数据库共有三个系列，分别是"Trails，1600—1926（判例，1600—1926）""Legal Treatises，1800—1926（法学专著，1800—1926）""U. S. Supreme Court Records and Briefs，1832—1978（美国最高法院记录和答辩，1832—1978）"。其中，"Legal Treatises，1800—1926"系列收录了25 000余册图书、超过1000万页内容，2005年被美国法律图书馆协会评为最好的法律资源。

22. Wiley-Blackwell 在线图书合集

该合集收录了 Wiley-Blackwell、Wiley-VCH、Jossey-Bass 等主要出版商出版的近万种专著、手册、词典、参考书、丛书，主要学科涉及化学、生命科学、物理学、人文社会科学、电子电器工程、数学和统计学等。

23. World eBook Library(世界电子图书数据库)

世界电子图书数据库是世界上最大的电子图书与电子文档数据库。截至2013年1月,共收录来自20余万家出版机构的近300万种电子图书与电子文档和超过2.3万种有声读物,以保存人文社会科学出版物为主,同时也收藏自然科学、工业技术等领域的经典作品。资源内容覆盖31个学科大类,共计152个学科种类,资源覆盖英语、法语、德语、意大利语、西班牙语等超过260种语言内容。

24. Emerald E-book Series(Emerald电子丛书)

Emerald电子系列丛书分为《工商管理与经济学》和《社会科学》两个专集,涉及150多个主题领域,其中《工商管理与经济学》专集涵盖经济学、国际商务、管理学、领导科学、市场营销学、战略、组织行为学、健康管理等领域;《社会科学》专集涵盖社会学、政治学、心理学、教育学、残障研究、图书馆科学、健康护理等领域。

25. Ebsco eBook Collection(Ebsco电子书合集,原Netlibrary)

该数据库目前收录了700多个出版商的电子图书,覆盖了全部的学术领域以及普通阅读和通俗阅读领域,其中80%的电子图书面向大学与研究型读者层。目前该库收录超过30万种电子图书,其中包括1.5万种有声书。

26. MyiLibrary图书全文数据库

MyiLibrary是英格拉姆数字集团开发的集成性电子书平台。主要服务于学术研究者、专家学者和大学生等。目前与MyiLibrary合作的出版社达到980家,平台共收录理、工、农、医、文、史、哲等领域近30万种电子书,其中80%以上为2002年以后出版,且每周增加约5000—10 000左右新的图书品种。

27. Kotobarabia Arabic E-Library(阿拉伯语电子书)

该数据库收录了约7000种阿拉伯语电子图书,包括《现代埃及典藏》与《现代阿拉伯文艺复兴》两个专辑。内容包括了禁忌文学、小说、散文、学术著作与大众文学等各类型的文学作品,涵盖了商业管理、政治、文学、媒体、心理学、科学、社会学、经济学、哲学与神学、历史、法律、伊斯兰遗产、语言、伊斯兰教、地理学与地质学等 29 个主题领域。

28. Project MUSE 电子书

Project MUSE 电子书源于 UPEC—大学出版社电子书出版联盟。2011 年 3 月，Project MUSE 宣布与 UPEC 合作创建 UPEC 电子书。这次合作是通过利用 Project MUSE 品牌与技术开创高校电子图书出版项目的开始，并延续 Project MUSE 保持 15 年的一贯传统：以公平的价格提供高质量的学术内容为前提，快速发展。该库截至 2012 年共收录来自超过 65 个主要的大学及学术出版社出版的电子图书约 18 000 种，并且可在 Project MUSE 平台中与电子期刊进行交互检索与综合利用。

29. Cambridge Books Online（剑桥图书在线）

该数据库收录了剑桥大学出版社的全学科图书，目前总量近 12 000本，其中文科内容约占 70%，理工科（包括医学）约占 30%，学科包括历史、文学、语言、经管、语言、数学、物理、工程、医学等。所收录图书目前回溯到 1950 年，每月都会有新内容上线。

30. Cambridge Histories Online（剑桥历史在线）

该数据库收录了 1960 年以来剑桥出版的近 300 卷册、20 多万页的经典历史图书，内容涵盖政治、哲学、语言、文化、戏剧、音乐、宗教、科技等 15 个领域，包括已经绝版的经典图书和每年定期更新的历史图书，其中包括剑桥英国文学史、剑桥冷战史、剑桥英语语言史、剑桥美洲法律历史、剑桥中国史、剑桥古代中国史、剑桥印度史、剑桥科学史等。

31. Springer 电子图书

Springer 电子图书是全球最大的科学、技术和医学在线电子图书数据库，提供全文访问服务，产品包括专著、教科书、手册、图解集、工具书、丛书等。通过 Springer 电子图书数据库可以访问所有 Springer 电子版书籍，数据库中包含超过 40 000 种电子图书、电子丛书系列和电子参考工具书，并每年递增多达 4000 种。国家科技图书文献中心

(NSTL)Springer 回溯丛书库的国家使用许可,包括了 14 种著名丛书,4513 个卷期和 8. 8 万个章节。

三、期刊全文数据库

32. PsycARTICLES(美国心理学学会电子期刊全文)

该数据库收录美国心理学协会、美国心理学协会教育出版基金会、加拿大心理学协会和 Hogrefe & Huber 所出版的 58 种顶级刊物的全部内容,最早可回溯至第一卷第一期。

33. ABI/INFORM Complete

该数据库是全球历史最悠久的商业期刊集成数据库,收录内容涵盖了经济、管理、商业领域的各学科及相关学科。提供全球 6000 多种出版物内容,同时包括全球重大社科研究工作手稿、全球商学博硕士论文、行业与市场研究报告;EIU 商品报告(食品饮料饲料;工业原材料等)、地区与国家报告、案例研究,企业年报等丰富的信息资源等。

34. ProQuest Research Library(原 ARL 学术研究图书馆)

该数据库是专为大学和科研图书馆开发的综合期刊全文数据库,涵盖了 150 多个主题领域的优秀信息资源。收录来自 1600 多家出版机构的提供的 5000 多种出版物,其中主要收录医学、生物学、商业与经济、政治学、教育学、心理学、社会学、计算机、环境研究、工程建筑等领域内容。

35. ProQuest Asian Business & Reference(ProQuest 亚洲商业参考)

该数据库提供有关整个东半球的公司、经济、市场和总体商情的详细信息。包括来自重要报纸、杂志和期刊的国内和区域的政治、社会、经济、文化、金融和商业新闻;政治、经济、社会和商业简况;指南与展望;国内和区域核心统计数据;实时更新的经济、金融和人口统计系列及分析;有关中央政府、行政事务和商业及文化机构的组织、目录和传记信息;白皮书、政府公文、期刊和立法的国内及区域级文本全文档案等。

36. International Index to Music Periodicals Full Text(国际音乐期刊索引与全文数据库,IIMPFT)

该数据库是互联网上最全面的音乐期刊资源,可访问来自20多个国家的450多种国际音乐期刊的索引和文摘,以及140多种音乐期刊的全文。

37. Periodicals Archive Online(典藏期刊数据库)

该数据库提供访问世界范围内从1802年至2000年著名人文社科类期刊回溯性内容全文。该数据库1—7 collections中收录562种全文期刊。涵盖了艺术、人文、社会科学领域的37个重点学科主题,期刊涉及英语、法语、德语、西班牙语、拉丁文、意大利语、希腊语等不同的语言,有超过20%为非英文期刊内容。收录的期刊几乎全部都回溯至期刊的第一卷的第一期(创刊号)。

38. British Periodicals Collection 1&2(英国期刊合集1、2)

该数据库收录内容涵盖了英国两个多世纪以来的历史与文化,覆盖文学、哲学、历史、科学、社会科学、美术、戏剧、考古以及建筑等多个学科,提供从17世纪到20世纪早期出版的约500种英国期刊的摹本页图像和可检索的全文。其中合集I由160多种期刊组成,包含约310万页内容,涵盖范围包括文学、哲学、历史、科学、美学艺术和社会学等;合集II收录300多种期刊,包含约300万页内容,涵盖范围包括文学、音乐、艺术、戏剧、考古学和建筑学等。

39. American Periodicals Series Online(美国期刊)

该数据库收录1741至1900年美国出版的1100多种杂志和期刊。最新内容可延伸至1941年,记录了美国在这150年间各个历史时期的历史事件、日常的社会生活和社会关注。该库对美国期刊系列之一、二和三卷的缩微胶卷进行的数字化,总计提供700万页面的内容。数据库收录不同类型的出版物,其中百分之六十为杂志,百分之三十为期刊,以及百分之十为报纸。

40. Wiley-Blackwell在线期刊

该数据库收录了1500余种同行评审的学术期刊,涵盖科学、技术、医学、社会科学及人文科学等各领域,包括化学、物理、工程、农业、兽医学、食品科学、医学、护理、口腔、生命科学、心理、商业、经济、社会科学、艺术、人类学等多个学科。

41. 美国物理联合会(AIP)全文电子期刊及会议录

美国物理联合会 AIP(American Institute of Physics)创立于 1931 年,致力于推广物理科学和专业,也是世界上居于领导地位的物理期刊出版社之一。该数据库收录了 AIP 出版的全部物理学术期刊(大部分回溯到第一卷第一期)、杂志以及 AIP 会议论文集系列。

该数据库由长煦信息技术咨询有限公司(iGroup)提供。

42. 美国物理学会(APS)全文电子期刊

美国物理学会 APS(The American Physical Society)成立于 1899 年,在全球拥有会员 47 000 多人,是世界上最具声望的物理学专业学会之一。APS 出版的物理评论系列期刊:*Physical Review*、*Physical Review Letters*、*Reviews of Modern Physics*,分别是各专业领域最受尊重、被引用次数最多的科技期刊之一,在全球物理学界及相关学科领域的研究者中具有极高的声誉。

43. 美国化学学会(ACS)全文电子期刊

美国化学学会(American Chemical Society)成立于 1876 年,现已成为世界上最大的科技学会,会员数超过 154 000 人。目前 ACS 出版的期刊最早回溯到 1879 年,涵盖有机化学,分析化学,应用化学,材料学,分子生物化学,环境科学,药物化学,农业学,材料学,食品科学等 24 个化学相关领域。

44. Science Online(科学在线)

Science Online 是《科学》杂志的网络数据库,涉及生命科学及医学、各基础自然科学、工程学、以及部分人文社会科学。该系列数据库包括《科学》《今日科学》《科学快讯》《科学信号》《科学转化医学》等。

45. 美国地球物理学会(AGU)全文电子期刊

美国地球物理学会(American Geophysical Union)是一个非营利的国际科学组织,现今在全球拥有 6 万多名会员。它成立于 1919 年,最初是美国国家科学院国家研究委员会下的一个分委会,1972 年成为一个独立的机构。该库收录了 AGU 出版的各种学术期刊,包括 *Journal of Geophysical Research*(《地球物理学研究杂志》)、*Space Physics*(《空间物理学》)、*Solid Earth*(《大地》)等,以及一份会员通讯。

46. Annual Reviews 全文电子期刊数据库

Annual Reviews 出版社专注于出版权威综述期刊,邀请各学科领域最权威、顶尖的科学家撰写综述,回顾本学科最前沿的进展,为科学研究提供方向性指导。该库收录了 Annual Reviews 出版社出版的综述期刊,涉及生物医学、自然科学、农业和社会科学领域的 34 个学科。

47. Emerald 期刊全文数据库

该数据库收录内容包括:Emerald 出版的 200 余种专家评审的管理学全文期刊库,18 种高品质工程学全文期刊,可访问最早至 2000 年的内容。此外,还可访问《国际土木工程文摘》《国际计算机文摘数据库》《计算机和通信安全文摘》《图书馆和信息管理文摘》4 个文摘数据库。

该数据库由爱墨瑞得(北京)信息咨询有限公司(Emerald)提供。

48. Emerald 回溯期刊数据库

该数据库收录了 Emerald 出版社已出版期刊的回溯内容,全部 178 种期刊均可回溯至第一卷第一期,可访问最早 1898 年至 2000 左右的内容,超过 11 万篇全文内容,涉及商业管理、图书馆学、信息科学、材料学以及工程学等领域。国家图书馆 2010 年以国家授权方式引进该库,中国大陆地区非营利学术型用户均可申请免费访问。

49. Academic Search Complete(综合学科参考类全文数据库(完整版))

该数据库为全面的多学科全文数据库,收录社会科学、教育、法律、医学、语言学、人文、工程技术、工商经济、信息科技、通讯传播、生物科学等几十个学科领域的文献。数据库收录了超过 8500 种期刊,其中包括 7300 余种同行评审期刊;此外,该数据库还提供了超过 12 500种期刊和总计 13 200 种包括专题著作、报告、会议记录等出版物在内的索引和摘要、1887 年至今的 PDF 文件，以及 1400 多本期刊的可搜索参考文献。

50. Business Source Complete（商管财经类全文数据库（完整版））

该数据库是世界权威的学术类商业数据库，也是书目和全文内容的很有价值的汇总资源。作为此数据库提供的全面收录的一部分，它含有最早可追溯到 1886 年的最重要学术类商业期刊的索引和摘要，内容涵盖管理、管理信息系统、生产与作业管理、会计、金融、经济等主题。此外，该数据库还收录了图书、专题论文、参考工具资料、书摘、会议论文、个案研究、投资研究报告、产业报告、行销研究报告、国家报告、企业公司档案、SWOT 分析等。

51. Humanities International Complete（人文学全文数据库）

该数据库完整收录了 Humanities International Index（2300 多本期刊和 290 万条记录）的数据，并增加了独有的全文内容，最早回溯至 1925 年，其中全文期刊及专著超过 1000 种。同时，该数据库收录了超过 130 种欧洲语言全文期刊，如法语、德语、西班牙语、意大利语、葡萄牙语等。

52. Library, Information Science & Technology Abstracts with Full Text（图书馆学/信息科学技术全文数据库）

该数据库将 560 多本核心期刊、近 50 本领先期刊和近 125 本精选期刊以及书籍、研究报告和学报编入索引。其中超过 330 本期刊收录全文。主题涵盖图书馆管理、分类、编目、文献计量学、网络信息检索、信息管理等。收录的内容最早可追溯到 1960 年代中期。

53. Military & Government Collection（军事与政府全文数据库）

该数据库旨在提供与所有军队和政府部门有关的时事新闻，收录了期刊、学术期刊以及其他与这些站点不断增加的需求相符的内容，提供了近 300 本杂志和期刊的完整全文，以及 400 多个标题的索引和摘要。

54. Professional Development Collection（教育全文数据库）

该数据库为职业教育者而设计，提供了近 520 种非常专业的优质教育期刊集，包括超过 350 个同行评审期刊，此外数据库还包含 200 多篇教育报告。

55. SocINDEX with Full Text（社会学全文数据库）

该数据库是全面优质的社会学研究数据库，共有超过 210 万条记录，主题标目选自由学科专家及词典编纂专家设计的、拥有 20 000 多条术语的社会学同义词辞典。数据库收录有 1908 年至今的 860 多种期刊的全文、超过 830 本书籍及专题论文的全文，以及 16 800 多篇会议报告的全文。

56. International Security & Counter-Terrorism Reference Center（国际安全及反恐怖主义资源中心）

该数据库整合了危险管理、恐怖主义专业相关信息，主题覆盖地区冲突、叛乱、反恐怖主义、网络安全、安全准备及社团危险管理等，收录超过 500 种全文学术期刊，360 余种图书全文，法制信息、规章、法律和宣言，来源于一流专家的报告和分析以及政府研究。

57. American Antiquarian Society（AAS）Historical Periodicals Collection（美国文物协会早期全文期刊专辑）

该数据库是美国文物学会与 EBSCO 公司共同制作的美国早期全文期刊数据库，提供许多早期美国发展的重要文献，包括殖民地、内战、重建等各时期的各种当地期刊，目前收录年限自 1691 年至 1877 年，共有超过 7600 种全文期刊，分为五个子集；涵盖语言文学、商业、农业和工业、家庭与社会、历史、法律、政治和政府、美国南北战争、美国少数民族研究、宗教与哲学、艺术、建筑和音乐、自然科学与医学等主要方向。

58. Project MUSE 期刊数据库

Project Muse 电子期刊始于 1995 年，是美国约翰·霍普金斯大学出版社与 Milton S. Eisenhower 图书馆合作开发的高品质人文科学学术期刊集成项目。该项目旨在传播高质量的艺术、人文与社会科学领域学术知识，涉及的主要学科领域有：经济、教育、语言学、法律、文学、区域/国家研究、人类学、音乐、艺术、图书馆学与出版、医学与健康、数学、哲学、政治与政策研究、社会学等。该数据库收录期刊均为非营利性或学协会出版社出版的同行评议期刊，目前已收录超过100家出版社的近500种期刊。

59. BioOne 数据库

BioOne 始于1999年，是一个由多家著名大学赞助，由各学协会、高校与出版社联合组成的非营利组织，是一个在生物科学研究领域具有高影响力的期刊整合联盟。该数据库目前收录160余种期刊，收录学科范围包括农业、奶制品与畜牧学、农业经济学、生物学、生物化学、生物物理学、分子生物学、生物多样性保护、细胞生物学、发育生物学、生态学、工程学、环境科学、昆虫学等。

60. Cambridge Journals Online(剑桥期刊在线)

该数据库收录了剑桥大学出版社出版的324种优质学术期刊，最早可访问1997年至最新的期刊内容。涉及自然科学、人文社会科学、医学领域，其中自然科学包括数学、物理、农学，生命科学学、动植物学、计算机科学，地球和大气学、科学史等，人文社会科学包括历史、地域研究、英语语言学等。

61. Cambridge Jounrnals Digital Archive(剑桥期刊电子回溯库)

该数据库收录了207种剑桥出版的优秀期刊，时间跨度从1770年至1996年左右，共包含63万余篇文章，超过430万页数据。涵盖的主要学科有：物理学、材料学、农业与生命科学、医学、生态和环境保护、语言学、经济学、政治和国际关系研究、历史、亚洲及中国研究、美国研究、古典学、哲学、社会学、法律、音乐和戏剧、数学以及计算机科学等。2012年，国家图书馆以国家授权的方式引进了该库，中国大陆地区的非营利性学术型用户均可通过剑桥大学出版社的服务平台免费访问该库。

62. Science Direct

该数据库是世界著名的科学文献全文数据库之一，覆盖自然科学与工程、生命科学、健康科学、社会科学与人文科学四大领域的24个学科内容。收录2500多种同行评审期刊，1000多万篇 HTML 格式和

PDF 格式的文章全文,其内容最早可回溯至 1823 年。

63. Journal Storage(JSTOR 期刊数据库)

JSTOR 始于美仑基金会的数字典藏计划,是一个对过期期刊进行数字化的非营利性机构,于 1995 年 8 月成立。该数据库以收录过期西文期刊为任务和目标,所提供的期刊绝大部分都从 1 卷 1 期开始,回溯年代最早至 1665 年,过刊库中的"最新期刊"多为三至五年前的期刊。

64. 英国物理学会(IOP)电子期刊

英国物理学会(Institute of Physics,IOP)成立于 1873 年,是一个致力于提高对物理学理解和应用的机构,在全球范围内拥有 36 000 多名会员。英国物理学会出版社是英国物理学会的出版机构,与包括中国物理学会、欧洲物理学会、德国物理学会、美国天文学会、俄罗斯科学院、欧洲光学学会在内的诸多著名物理研究机构合作出版。目前该平台提供访问的期刊共有 66 种,均可访问至第一卷第一期,涉及学科包括应用物理、计算机科学、凝聚态和材料科学、物理总论等。国家科技图书文献中心(NSTL)购买了 IOP 回溯数据库的全国使用许可,时间范围从 1874 年到 2002 年,包括 66 种刊、1200 多卷、191 901 篇全文,共 200 多万页内容。

65. Nature 系列期刊全文数据库

该数据库收录自然出版集团出版的包括 *Nature*(《自然》)周刊在内的学术期刊和评论月刊,主题涵盖科学、技术、生物技术、化学、基因与进化、免疫、药学、医学、临床医学、恶性肿瘤、牙科、分子细胞生物、神经科学、物理科学等。*Nature*(《自然》)周刊是世界上最早的国际性科技期刊,自 1869 年创刊以来,始终如一地报道和评论全球科技领域里最重要的突破。国家科技图书文献中心(NSTL)购买了其中 *Nature*(《自然》)周刊回溯数据的全国使用许可,时间范围为 1869 年至 1996 年。

66. 英国皇家化学学会(RSC)电子期刊

英国皇家化学学会(Royal Society of Chemistry,RSC)成立于 1841

年，以促进全球化学领域研究发展与传播为宗旨，是化学信息的一个重要宣传机关和出版商。RSC Analyst、Chemical Society Reviews、Chemical Communications、Green Chemistry 等期刊都是相关领域中非常著名的期刊。该数据库收录近 40 种期刊，覆盖分析化学、物理化学、有机化学、无机化学、纳米科学、生物分子、材料/高分子化学等相关主题领域。国家科技图书文献中心（NSTL）购买了该库回溯内容的国家使用许可，包括 1841 年至 2004 年由 RSC 出版的文章内容，共计约 238 000 篇文章。

67. SAGE Premier 全文电子期刊数据库

该数据库收录了 SAGE 出版的超过 570 种期刊全文，以高品质社科人文期刊为主，涉及商业、人文科学、社会科学等，并且收录了科技医药类（STM）期刊，同时包括特殊学科研究的数据库。所有期刊均为 100% 同行评审。

68. SAGE 回溯期刊数据库

该数据库收录了 SAGE 出版的 380 多种期刊，共计 3.2 万多期、460 多万页的 41.8 万篇全文内容，回溯年代从创刊起至 1998 年。2010 年，国家图书馆以国家授权方式引进了 SAGE 回溯期刊数据库，并向中国大陆地区的非营利学术型机构提供免费访问。

69. Springer 电子期刊

Springer 出版公司每年出版期刊超过 2000 种，涵盖了自然科学、技术、工程、医学、法律、行为科学、经济学、生物学和医学等 11 个学科。该数据库涵盖了 Springer 所出版的大约 1400 多种期刊，覆盖建筑学、设计和艺术、行为科学、生物医学和生命科学、商业和经济、化学和材料科学、计算机科学、地球和环境科学、工程学、人文和社会科学、法律、数学和统计学、医学、物理和天文学、专业和应用计算等 13 个学科。国家科技图书文献中心（NSTL）购买了该期刊回溯数据库的国家使用许可，期刊库包括 968 种期刊，3 万余期内容，时间跨度从 1854 年至 1996 年。

70. Oxford Journals(牛津期刊全文数据库)

该数据库收录了牛津大学出版社出版的250余种优质学术期刊全文内容(包括免费副刊和OA期刊),内容涉及医学、生命科学、法律、数学、物理科学、社会科学。国家科技图书文献中心(NSTL)购买了该库回溯内容的国家使用许可,内容包括142种期刊1849年至1995年的全文,共80多万篇全文、300多万页内容,涵盖医学、生命科学、数学物理学、人文科学和社会科学。

71. Taylor & Francis 期刊数据库

该数据库收录了Taylor & Francis集团出版的学术期刊,分为人文和社会科学与科技两个部分。其中,人文和社会科学部分提供超过1000种经专家评审的高质量期刊,包括来自Routledge以及Psychology Press的期刊,覆盖人类学与考古学、艺术与人文、行为科学、商务、管理与经济、犯罪学与法学、教育学、地理、规划、城市与环境、图书馆与信息科学等14个学科领域。科技部分提供超过360种经专家评审的高质量科学与技术类期刊,包括环境与农业科学、化学、工程、计算及技术、物理学和数学5个学科。

72. HeinOnline法学全文数据库

HeinOnline法律数据库是美国著名的法律全文数据库,共有19个子库,现有近1700种法学期刊、675卷国际法领域权威巨著、超过100 000个案例、1500多部精品法学学术专著和美国联邦政府报告全文等。全球排名前500的法学期刊,该数据库收录其中469种,其中460种都可以回溯到创刊号。该库曾获得国际法律图书馆协会(IALL)、美国法律图书馆协会(AALL)等颁发的奖项。

四、报纸全文数据库

73. ProQuest Historical Newspapers(历史报纸数据库)

该数据库提供美国报纸的数字档案,用户可以迅速地在该数据库中浏览到这些报纸从第一期开始的全部内容。主要收录报纸有《亚特兰大宪章报》《亚特兰大每日世界》《巴尔的摩太阳报》《波士顿环球报》等几十种报纸。

74. 17th and 18th Century Burney Collection Newspapers(17 和 18 世纪伯尼典藏报纸)

该数据库展示了 17 和 18 世纪英国新闻媒体的最大量典藏。原始典藏由查尔斯·伯尼(1757 年—1817 年),一位伟大的学者,著名音乐家查尔斯·伯尼之子收集,含有 200 多年的记录、说明和观点,700 多种限量报纸——包括英格兰省份、爱尔兰和苏格兰的报纸以及大量来自英国在美洲和亚洲的殖民地的报纸,涉及 36 个城市的政治、教育和经济形式。1818 年原始收藏被大英博物馆获取后,大英图书馆对集成本作了修订,增加了评论条目,并增加了新的文献。

75. 19th Century British Library Newspapers(19 世纪大英图书馆报刊)

该典藏提供了曾在维多利亚时代范围最广的全国性或地方性报刊,收录了近 220 万多页的全文内容,其中的论文都是经英国图书馆编辑委员会从大英图书馆严格挑选出来的,为 19 世纪的英国生活提供一个广泛而详尽的介绍:从商业到体育,从政治到娱乐和艺术。该典藏由每日和每周的出版物组成,收录了《每日新闻》《观察家报》《利兹报》等 49 种报纸资源。反映了英国在 19 世纪作为世界超级大国扮演着越来越重要的角色。

76. 19th Century U. S. Newspapers(19 世纪美国报纸)

该数据库收录了自 19 世纪以来约 170 万页(超过 2800 万文章)原始资料报纸内容,以美国城市和农村各地区的大量报纸的全文内容和图像为特色。该数据库的内容包含了整个 19 世纪,对一些主题如美国内战、非洲裔美国人文化和历史、西部移民、战前时期及其他主题作了强调。其内容来源于美国国会图书馆、哈佛大学、康斯威星州历史协会等多个机构。

77. Times Digital Archives 1785—2006(泰晤士报典藏,1785 年—2006 年)

作为世界的"档案记录报",伦敦《泰晤士报》涵盖了所有重大的国际事件以及日常生活琐事。对于历史学家、记者、学术读者或一般读者来说,《泰晤士报》能提供无与伦比的信息资源、深刻见解和娱乐资源。该数据库提供了1785—2006年间出版的《泰晤士报》原版数字化内容,收录100多万页,涵盖700多万篇文章,包括220多年来的图片和广告。

78. PressDisplay 报纸数据库

该数据库收录来自90多个国家的2000余种世界各国的报纸,涉及英语、俄语、德语、日语、韩语、阿拉伯语、西班牙语、法语、波兰语、葡萄牙语等四十余种语言。其中主要报纸包括《华尔街日报》《华盛顿邮报》《金融时报》《卫报》《观察家报》《费加罗报》《每日快讯》《每日电讯》《今日美国》《每日镜报》等。该数据库内容每日更新,回溯60—90天内的报纸内容,收录每期报纸的全部内容并保持印本报纸的原始版面。

五、数值和事实型数据库

79. Ulrich's Periodicals Directory(乌利希期刊指南)

该数据库收录了200种语言的15万个出版商的期刊资料,包括33万多种期刊的详细书目数据,覆盖950个学科。

80. Global Books in Print(在版书目)

该数据库为图书书目数据库,收录了来自43个国家超过25万个出版商的书目数据,图书数量超过1200万本。每周更新。

81. Factiva

该数据库提供来自159个国家的、以22种语言出版的重要商业信息。整合Dow Jones Interactive和Reuters Business Briefing两大资源库的一万多种出版物,包括2300余种报纸、4200余种期刊和杂志、640多区域性的和行业性的新闻专线、35 000多份经过编辑的全球的公司报告。

82. Business Insights(商业资源中心)

该数据库是提供全球商业资讯、行业参考资料、统计数据、期刊和报纸的综合数据库。其中收录了全球50万家公司及70 000家行业协会的详细信息;2200多份公司年表;Gale公司出版的众多著名商业参考书;超过8300多种商业信息来源,包括期刊、杂志、报纸、时事通讯等;超过200万份的投资报告、投资经济报告和数千份详细的财务报告;超过1000份的SWOT报告;25 000份行业报告和2500多份市场研究报告。与精要版(Essentials)相比,增强版(Global)中还增加了全球商业的案例研究和商界管理人士的视频访谈等内容。

83. Gale Biography in Context(人物传记资源中心)

该数据库收录了全球52.5万人物的60多万份传记,涵盖文学、历史、政治、商业、娱乐、体育和艺术等领域的知名人物和重要事件。这些人物的信息来自于Gale集团出版的上百个传记出版物、300多种报纸杂志、原始资料和网站等,并可链接到经过权威考察过的世界著名人士的官方和权威网站。同时收录了来自全文学术期刊的丰富信息以及图片和音视频资料。

84. Reaxys

该数据库是爱思唯尔公司将原有的贝尔斯坦(Crossfire Beilstein)、盖墨林(Crossfire Gmelin)以及新增的专利化学数据库(Patent Chemistry)内容进行整合后的信息资源产品,数据量较之前增加了20%。该数据库对原始文献中的数据,根据其重要性和相关性进行筛选和整合,提供化学结构、化学反应、相关化学和物理性质、以及详细的药理学信息。

85. ARTstor

该数据库为The Andrew W. Mellon基金会所筹办的非营利数字图片图书馆,收录超过100万张艺术、建筑、人文和科学的图片。所收录的藏品包括来自一流博物馆、专业摄影师、图书馆、学者、照片档案馆和艺术家的收藏等。

该数据库由飞资得信息技术(上海)有限公司(FlySheet)提供。

86. ISI Emerging Market Information Service（ISI 新兴市场信息服务，EMIS）

该数据库提供基于互联网传送的 80 多个新兴国家和地区的 18 000余种商业信息资源和市场动态。内容包括：纯文本格式的实时新闻、所有上市公司和部分非上市公司的分析报告和可供比较的财务报表、行业深度分析报告和统计数据、金融证券市场分析、宏观经济统计数据及法律法规等。

87. Oxford Reports on International Law（牛津国际法数据库）

该数据库汇集了国际公法领域的案例分析与报告，如：国际法庭、国内法院和特设法庭。该数据库首次对国际判例法进行了充分收录和分析，并提供了法学专家深入地分析与指导。它包含了 171 多个国家超过 3000 个国际法案例，是目前唯一专注于国际法的案例数据库。

88. BvD-Osiris 全球上市公司分析库

该数据库是关于全球所有主要证券交易所内 60 000 多家上市公司、上市银行及保险公司的大型专业分析库。除了提供全球各上市公司历年详细资产负债表、损益表、现金流量表及重要财务分析比率外，Osiris 亦提供各公司重大经营事件、并购新闻报道（路透）、股票分类数据、股票未来收益预测、各国行业分析报告、股东结构与附属公司、跨国企业信用评级（标普、穆迪、惠誉）等综合分析数据，是全面获取全球上市公司经营信息的重要来源及权威分析工具。

89. Current Chemical Reactions（CCR）

该数据库包含摘自知名期刊和 36 家专利授予机构的单步骤或多步骤新合成方法，所有方法均带有总体反应流程，且每个反应步骤都配有详细和准确的图形表示。数据库收录范围自 1985 年至今。

90. Current Contents Connect（期刊题录快讯，CCC）

该数据库是用于了解各学科当前发展情况的网络资源，包含世界一流学术性期刊的完整题录信息。通过该库，可以对精选的一组优秀学术网站进行检索，并访问经过精选的网站文献的全文，这些资料大致分为三种资源类型：预印本、基金资助信息和研究活动。全库共包括农业、生物与环境科学、社会与行为科学、临床医学、生命科学、物理、化学与地球科学、工程、计算与技术、艺术与人文科学7个专辑和商业、电子与电信2个合集。

91. Journal Citation Reports(期刊引证分析报告)

该数据库可使用户通过引文数据来评估和比较期刊,这些引文数据库摘自由80多个国家和地区的2500多家出版商出版的10 000余种技术期刊,几乎涵盖科学、技术和社会科学的所有领域,帮助用户了解出版物的影响力,被公认为是权威的期刊评价来源。

92. Essential Science Indicators(基本科学指标数据库)

该数据库是汤森路透在汇集和分析Web of Science所收录的学术文献及其所引用的参考文献的基础上建立起来的分析型数据库,为事实数值型数据库。通过Essential Science Indicators,研究人员可以系统地、有针对性地分析国际科技文献,从而了解一些著名的科学家、研究机构(或大学)、国家(或区域)和学术期刊在某一学科领域的发展和影响;同时科研管理人员也可以利用该资源找到影响决策分析的基础数据。

六、档案类数据库

93. Documents on British Policy Overseas(英国海外政策文件,DBPO)

该数据库数据库收录了五万多份英国政府关于国际关系的政府文件,包含外国政策指导、信件、备忘录、商业报告等。这些原始资料由Britain's Foreign and Commonwealth Office(FCO)的官方历史学家甄选,并对所选文件作了解密处理。该数据库可帮助研究人员更全面地了解20世纪欧洲以及世界格局的形成,研究当时紧张的动向、事件背后的动机、政治和复杂的关系。

94. Digital National Security Archive(解密后的数字化美国国家安全档案,DNSA)

该数据库提供源于美国国家保密档案馆(National Security Archive)的原始文件的访问,收录了大量珍贵的从1945年开始的美国对其他国家外交、军事政策的第一手资料,它是目前该领域内收录信息最全面的数据库。数据库收录了 8 万多份最重要的解密文件,总页数达 60 多万页。

95. House of Commons Parliamentary Papers(英国国会下议院议会文件)

该数据库是研究英国、英国殖民地及当时世界的重要文献,涵盖了 1688 年至今的 20 多万份英国政府在社会、政治、经济以及外交政策等各个领域的国会下议院文件,最早可追溯到 1688 年,可提供数字化的原文图片、全文和详细的索引信息检索。

96. Congressional Record Permanent Digital Collection(美国国会记录永久数字馆藏)

该数据库由 Government Printing Office 编撰,是专门收录美国国会记录的永久数字馆藏,内容涵盖自 1789 年第一次国会会议至今的议员在参众两院大会上的官方投票记录、演讲、辩论和其他参众两院活动记录等,是关于国会工作的最完整可靠、最权威的原始材料。

97. Congressional Hearings Digital Collection(美国国会听证数据库)

该数据库收录已出版的美国会会听证会的所有从 1824 年到目前的资料,同时也包括未出版的从 1973 年(议院)到 1984 年(参议院)前的听证会资料。听证会涉及的主题广泛,包括国际和国内政策、科学、技术、医学、国防、商业以及社会问题等。资料来源包括口头和书面陈述的信息,既包括专家的听证也包括国会议员问题和回答部分,以及被放到官方记录中的资料(文章、报告和其他在法庭提出的证物)。

98. Archives Unbound(珍稀原始典藏档案)

该数据库提供主题领域的数字在线典藏档案,截至 2012 年 12 月平台已包含 129 个主题档案,包括“中国内战和中美关系”“日本的战争与和平,1930 年—1945 年”“肯尼迪的外交事务和国际危机,1961 年—1963 年”等,且每月新增 2—5 个主题档案。这些主题档案涉及了北美历史、国际事务、文学、商业与经济、亚洲研究、中东研究等十余个主题类型。

99. Declassified Documents Reference System（解密档案参考系统，DDRS）

该数据库是研究二战后美国内政及国际关系的重要资源，收录了来自美国政府机构的10万多份解密档案，超过60万页的资料。档案来源于美国中央情报局、联邦调查局、国防部、司法部、国家安全委员会等机构。主要收录总统及内阁成员的信函、白宫机密档案、国家安全委员会的政策声明、备忘录和会议材料等诸多内容，能够令读者非常轻松的就可检索出美国政府机关各个部门的广泛资料。

100. U. S. Congressional Serial Set（美国国会文献集，USCSS）

该数据库收录了近15 000卷，超过36万种出版物的2000万页内容，并有52 000张地图，以及许多插图与统计图表，其中包括13 000张彩色地图。范围涵盖了1789—1994年间美国国会文献的全部内容，包括美国参众两院的报告、文件、日志、期刊，行政部门的年度报告与文件以及American State Papers（1789—1838年）等。这些史料构成了美国国会文献最丰富、最完善的第一手资源。

101. Foreign Office Files, China：1949—1980（英国外交部档案，中国：1949—1980）

该数据库收录了1949—1980年间发生在中国且与英国相关的所有重要事件，并广泛收录了与中国利益相关的文献、美国对中英关系的影响以及与中国领导人相关的资料。收录的主要事件与专题包括：20世纪50年代的社会主义改造，民族商业与工业，台湾，朝鲜战争，1958年"大跃进"，20世纪60年代"文化大革命"，毛泽东与经济复苏，中国加入联合国，中国与香港，中苏关系等。

102. Confidential Print：North America，1824—1961（英国外交部机密文件：北美，1824—1961）

该数据库收录资料来源于英国国家档案馆，种类有报告、急件、政治领导策略描述报告、每周政治总结、月度经济报告等。内容覆盖美国、加拿大、加勒比地区乃至部分南美地区的全部资料，内容涉及莫兰特贝暴乱、边境争端、美加双边关系、罗斯福总统及"珍珠港"事件、美国政府针对共产党采取的主要措施、美国对华政策等等。

该数据库由现代信息与文化开发中心(Cinfo)提供。

103. Confidential Print:Middle East,1839—1969(英国外交部机密文件:中东,1839—1969)

该数据库内容来源于英国外交部自 1820 年以来的官方机密档案,涉及众多问题,如:穆罕默德·阿里与 19 世纪埃及改革、1921 年中东大会、巴勒斯坦与美索不达米亚托管地问题、1956 年苏伊士运河危机、巴勒斯坦的分割、后苏伊士时期的西方外交政策及阿以冲突,资料类型有:报告、急件、通讯信件、政治领导策略描述报告、每周政治总结、月度经济报告等,是研究近现代中东问题的基础原始资料数据库。

104. Foreign Office Files for India,Pakistan and Afghanistan,1947—1980(英国外交部档案:印度、巴基斯坦与阿富汗,1947—1980)

该数据库资料来源于英国外交部档案馆,收录了印度、巴基斯坦和阿富汗政治和社会历史的重要史料。收录内容包括:外交派遣、来往的电报、简报以及转录内容,地图,照片,政治和经济报告,参观旅游者的账本,会议记录,会议进程,信件,传单以及其他零碎事件的记录。该库由以下三个部分组成:独立、分裂和尼赫鲁时代;南亚冲突和孟加拉国的独立;阿富汗和冷战,印度的紧急管制,巴基斯坦恢复文官统治。此外,还收录了孟加拉国、斯里兰卡、尼泊尔、不丹、锡金和克什米尔以及其他边境地区的重要内容。

105. China:Culture and Society—Wason Pamphlet(中国:文化与社会——华生中国收藏)

该数据库内容来源于美国康奈尔大学图书馆的查尔斯·华生(Charles W. Wason)中国收藏。华生中国收藏始于康奈尔大学校友、当时任职于克利夫兰铁路公司的管理者查尔斯·华生的私人收藏。华生和妻子于 1903 年到中国和日本进行了长时间的巡回旅行并收集了大量珍稀资料,主要内容包括文物、建筑、传教士、殖民统治、货币制度、民风民俗、教育、大使馆及公使馆、航海、医药学、国际关系、鸦片交易及走私等。主要文献类型有演讲演说稿、报告、期刊、笔记、手稿、信件、会议录等。

106. China:Trade,Politics,and Culture,1793—1980(中国:贸易、政治与文化,1793—1980)

该数据库由英国 Adam Matthew Publications 公司出版,收录了中国与西方往来的珍贵史料,包括了大量含有不同人物、场景、风俗与事件的地图,彩色绘画,照片与画稿;中国海关史上主要人物的重要文件;主要外交使团到中国的档案,从马嘎尔尼与阿姆赫斯特到尼克松与赫斯等;在中国所有地区的外国传教团文件,如广东、澳门、上海与北京等;以及英国国家档案馆馆藏的 20 世纪 70 年代与中国关系解冻的最新解密文件。

七、复合型数据库

107. Literature Resource Center(文学资源中心)

该数据库收录来自近 400 种期刊的 850 000 篇全文文献;全球 14 万作家的传记信息,5000 多种当代作家的访谈音视频资料,3000 多张重要作者照片;Gale 集团出版的众多文学评论系列参考书;超过 5000 篇文学作品概述、情节介绍和评论;近 28 000 篇当代诗歌、短篇小说和戏剧文章;超过 10 000 条来自《韦氏文学大词典》的文学术语定义;同时整合了现代语言协会的国际书目,读者能获得 200 万条来自于现代语言协会的书目信息,以及各种文学风格的作家的传记、评论文章及刊物文章。

108. Global Reference on the Environment, Energy, and Natural Resources(环境、能源和自然资源参考数据库,GREENR)

该数据库是一个权威、直观的环境、能源和自然资源专题数据库,整合了期刊、新闻、独特评论、网站和博客、音视频、原始资料、图像、会议报告、统计数据和法律法规、案例分析等资源,内容涉及能源问题、气候变化、环境污染、资源经济贸易和管理、人口与经济发展、人类健康、农业问题等领域,覆盖 190 多个国家和地区以及组织与环境问题有关的各方面信息。

109. ASME Digital Library（美国机械工程师学会数字图书馆）

美国机械工程师学会（American Society of Mechanical Engineers）成立于1880年，现已成为一家拥有全球超过127 000名会员的国际性非营利教育和技术组织。ASME是世界上最大的技术出版机构之一，每年召开约30次大型技术研讨会，并举办200个专业发展课程，制定众多的工业和制造业行业标准。该数据库收录了ASME出版的各种专业期刊、会议录和电子书。

110. ASCE Online Research Library（美国土木工程师协会在线研究图书馆）

美国土木工程师学会（The American Society of Civil Engineers，简称ASCE）成立于1852年，至今已有150多年的悠久历史，是历史最久的国家专业工程师学会，所服务的会员来自159个国家超过13万的专业人员。该数据库收录ASCE所有专业期刊（回溯至1983年）和会议录（回溯至2000年，及1996—1999年间的部分会议录），总计超过73 000篇全文、650 000页资料；每年新增约4000篇文献。

111. ACM Digital Library（美国计算机协会数字图书馆）

美国计算机协会（Association for Computing Machinery）创立于1947年，是全球历史最悠久和最大的计算机教育、科研机构。ACM目前提供的服务遍及全球100多个国家，会员数超过9万名。该数据库收录了ACM自20世纪50年代至今的所有出版物（包括期刊、杂志、会议录等）的全文内容；同时ACM还整合了第三方出版社的内容，全面集成了收录140多万条文摘题录信息的“在线计算机文献指南”。

112. SPIE Digital Library（国际光学工程学会数字图书馆）

国际光学工程学会（International Society for Optical Engineering）成立于1955年，是致力于光学、光子学、光电子学和成像领域的研究、工程和应用的著名专业学会。该数据库收录了SPIE出版的会议录、期刊和电子书出版物，其中会议录超过7000卷，年新增350卷左右，回溯至1990年，共收录超过325 000篇论文，每年新增18 000篇。

113. 美国光学学会(OSA)全文期刊和会议录数据库

美国光学学会(The Optical Society of America),成立于1916年,目前已经拥有超过106 000位会员,遍及134个国家和地区。该数据库收录了OSA出版的14种期刊、7种合作出版期刊、OSA主题会议录、三大行业会议录等资源。

114. Begell Digital Library(Begell数字图书馆)

该数据库包括工程研究选集和生物科学研究选集两个部分。其中工程研究选集收录了20余种期刊全文、12种电子书、2种会议录文献、4种在线数据库和2个参考资源,涉及热能工程、纳米、能源、环境、核科学、动力工程、材料、无线电通讯等学科;生物科学研究选集收录了17种左右生物医学期刊,包括权威评论期刊Critical Reviews™系列及肿瘤学、免疫学、基因表达学、药理学和器官移植学等众多生物医学领域的最新研究应用成果。

115. 美国航空航天学会(AIAA)全文电子期刊及会议论文数据库

美国航空航天学会(American Institute of Aeronautics and Astronautics)于1963年由美国火箭学会和美国宇航科学学会合并而成,是世界上最大的航空航天出版机构之一。在80多年的发展历史中,AIAA致力于航空、航天、国防科技领域的研究,出版了1000多种出版物,包括期刊、杂志、系列图书、美国和国际标准。AIAA电子期刊及会议录全文数据库提供了航空航天科学领域独一无二的权威文献资源。

116. IEEE/IET Electronic Library(IEL)

该数据库提供美国电气电子工程师学会(IEEE)和英国工程技术学会(IET)出版的期刊、会议录全文,以及IEEE出版的标准的全文,并可看到出版物信息。总共提供超过270万篇全文文献,最早回溯至1913年,一般提供1988年以后的全文,部分期刊还可以看到预印本。该数据库收录了当今世界在电气工程、通信工程和计算机科学领域中近三分之一的文献,在电气电子工程、计算机科学、人工智能、机器人、自动化控制、遥感和核工程领域的期刊影响因子和被引用量都名列前茅。

117. SciFinder Academic

该数据库是美国化学文摘服务社(Chemical Abstract Service, CAS)所出版的化学及相关学科已公开研究的最全面的数据库。除包含《化学文摘》1907 年创刊以来的所有内容外,该数据库更整合了 Medline 医学数据库、欧洲和美国等 61 家授权机构的全文专利资料,还包括可以采用图形结构方式检索化学物质、化学反应式以及多种后处理功能,所收录的文献来自 180 多个国家、含 50 多种不同语言。所涵盖的学科包括应用化学、化学工程、普通化学、物理、生物学、生命科学、医学、聚合体学、材料学、地质学、食品科学和农学等诸多领域。

118. Cairn 法语数据库

Cairn. info 成立于 2005 年,先后有 80 多家出版社加入,并与法国公众机构以及法国高等教育部合作,提供广泛的在线法语出版物。该数据库收录内容包括:255 种来自法国、比利时、瑞士和加拿大的高品质学术期刊,涉及政治经济学、心理学、教育学等人文科学领域;La Découverte、De Boeck、Eres 等出版社出版的会议录与学术文献集;来自法国 Presses Universitaires de France 和 La Decouverte 出版社的约 1200 种袖珍参考工具书;8 种人文科学领域的杂志;Etat du monde 世界经济与地缘政治年鉴,提供超过 200 个国家的相关信息。

119. East View Universal Database(East View 俄罗斯大全数据库)

该数据库是迄今为止全球最大的、收录俄罗斯学术资源的数据库,涉及范围广泛,是学习俄罗斯语言文学,研究俄罗斯与独联体国家政治、经济、文化、法律、历史、军事、安全、外交、科技、医学等方面的重要资源。该数据库收录内容包括人文社科期刊与参考书目,俄罗斯政府、法律与军事信息,历史与文化期刊,中央与地方新闻,医学与科技 5 个方面内容。

120. Jane's 系列数据库

简氏信息集团(Jane's Information Group)成立于 1898 年,是一家全球领先的国防、安全与风险情报与分析提供商,向合作伙伴与用户提供及时全面的政策与安全信息。Jane's 系列数据库的主要产品包括

Jane's 军事装备与技术数据库、Jane's 防务杂志数据库、Jane's 国家安全与风险预警数据库、Jane's 交通专业数据库、Jane's 防务预测数据库、Jane's 军用装备与技术情报中心等。

121. OECD iLibrary(经济合作与发展组织在线图书馆)

经济合作与发展组织(Organization for Economic Cooperation and Development,OECD)是由 34 个市场经济国家组成的政府间国际经济组织。OECD iLibrary 是经合组织推出的网络服务平台,集成了其所出版的图书、期刊、工作分析报告、统计数据等各种信息资源,主要包括约 400 种连续出版物、2700 份工作报告、2500 份多语言书写的摘要、5500 本电子书、14 000 张图表等。

122. IMF eLibrary(国际货币基金组织电子图书馆)

国际货币基金组织(International Monetary Fund,IMF)是政府间国际金融组织,于 1945 年成立,现有 187 个成员国。IMF eLibrary 收录国际货币基金组织所出版各种资料,如图书、期刊、工作报告、国家报告等的网络平台,主要有 IFS 国际金融统计、BOP 国际收支统计、DOT 贸易方向统计、GFS 政府财政统计、IMF 工作文件、IMF 国家报告等内容。

123. World Bank eLibrary(世界银行在线图书馆)

世界银行(World Bank)是向全世界发展中国家提供金融和技术援助的最重要机构之一,成立于 1944 年,由 186 个成员国构成。世界银行在线图书馆面向全球提供世界银行所拥有的财经类学术资源访问服务,主要包括:Development Outreach、World Bank Economic Review 和 World Bank Research Observer 三种期刊自 1996 年以来的所有文章;发展经济学政策研究自 1995 年以来的工作报告,超过 3900 份;1970 年以来正式出版的电子书、各类报告和丛书总计约 2400 本;以及所有最新发表的正式出版物。

124. Beck Online 德国法学数据库

该数据库主要的收录内容为 C. H. Beck 出版社所出版的期刊、注释书、法典、法律书状范本等,同时也有收录法院裁判的部分。包括 540 种法律书、123 种期刊、127 366 个判例、5980 个左右的准则、100

个左右的行政指导、18 个文书范本,可查文件总数达 550 万。

125. Lexis. com(律商联讯法律数据库)

该数据库收录来自全球 151 个国家及地区的各类法律信息,包括法律、案例、专题论文、新闻、相关评论集各种文献资料等。其中包括美国联邦与各州约 300 年的判例,美国联邦和各州的立法资源,英美立法和政治制度等法律原始文献;法律期刊、专著、Mealey 法律报告和会议资料,全球性法律新闻实践领域的法律新闻等法律二次文献;27 个国家的法律资料等。

126. Kluwer Law Online

该数据库收录 21 种全文法律学术期刊以及 42 种法律活页书的全文信息。涵盖超过 60 个国家的法律专论,数十万篇期刊全文,50 000多个案例,涉及法学理论、宪法、行政法、民法、知识产权、刑法、诉讼法、行业经济法、金融法、国际(贸易)法、比较法、环境法、税法、法律实务、法律文书写作、法律工具书等各个领域。

127. Westlaw International

该数据库收录了来自美国联邦和州判例,英国、欧盟、澳大利亚、香港地区和加拿大的所有判例,此外还提供其他国际机构的判例报告,包括国际法院、国际刑事法院、世贸组织等判例报告;除出版大量法律法规,还收录了各国的法律条文,其中主要包括英国成文法、美国联邦和州法、欧盟法规、香港地区和加拿大的法律法规;1500 余种法学期刊;此外还包括 300 余种法律通讯和法律新闻、法学专著、教材、词典、百科全书以及公司和商业信息。

八、参考工具书数据库

128. Blackwell Reference Online(Blackwell 文科经典馆藏在线参考书库,BRO)

该数据库是一个在线社会学和人文学科文献库,提供 470 种共 476 卷参考文献书目,且每年增加数十卷,包括 Blackwell 指南与手册、辞典和简明指南等。其中主要学科包括文学、哲学、历史、语言及语言学、心理学、其他学科还包括社会学、商业管理、人类学、经济学、文化研究、地理等。

该数据库由约翰·威利父子出版公司(John Wiley & Sons)提供。

129. Wiley Online Reference Works(Wiley 在线参考工具书)

该数据库收录了 128 种由 Wiley-Blackwell 出版的参考工具书,主要涵盖化学工程、生命科学、统计学、电子电气工程、心理学等共计 24 个学科大类。

130. Encyclopedia Britannica Online(大英百科全书网络版)

《大英百科全书》于 1768 年首次出版,历经两百多年修订、再版的发展,得到不断地完善。全书共 32 册,所有条目均由世界各国著名的学者、各个领域的专家撰写,对主要学科、重要人物事件都有详尽介绍和叙述,其学术性和权威性已为世人所公认。《大英百科全书》网络版 1994 年正式发布,除包括印本内容外,EB Online 还包括大量多媒体资源,可检索词条超过 225 000 个。

131. Oxford English Dictionary Online(牛津在线英语大辞典,OED)

该数据库内容来自于 20 卷的牛津英语辞典,每 3 个月更新一次,记录了超过 60 万英语单词自 1050 年至今的发展沿革和 250 万种来源的引文,在线数据库的功能包括词条、意义、语境、引文、词源的搜索。

132. Oxford Handbooks Online(牛津在线参考书数据库,OHO)

该数据库完整收录了商业和管理、哲学、政治学以及宗教四大领域的牛津手册,囊括了多个研究领域的最新热点,包括了 100 余本牛津手册,超过 3000 篇学术论文。每本书都有一个专属的主页,内附图书和章节的结构以及详细的书目信息,并可链接到其他牛津大学出版社在线资源及其他网络资源。

133. Oxford Digital Reference Shelf(牛津数字参考书库,ODRS)

该数据库是艺术、文学语言学、历史文化学、科学、社会科学和法学领域的牛津参考书和部分 Continuum 出版社的参考书的在线合集。目前提供的参考书超过 60 种,包括《牛津中世纪辞典》《牛津犹太教辞典》《牛津哲学百科全书》《牛津国际和平百科全书》《牛津人权百科全书》等优秀书目。

134. Oxford Bibliographies Online(牛津在线参考书目数据库,OBO)

该数据库是一个新型参考书目数据库,包含了精选引文、评论、构架和链接,目前可提供古典文学、犯罪学、伊斯兰研究、社会工作、大西洋历史、哲学、文艺复兴和宗教改革、圣经研究和佛教等 11 个主题板块,约 550 个分题和介绍,约11 000专题评论以及约 55 000 个引文和短评,总共相当于约 40—45 卷百科全书的内容。

135. Max Planck Encyclopedia of Public International Law(马克思·普朗克国际公法百科全书在线版)

该数据库涵盖了国际法研究的各方面的参考资源的全文,是牛津大学出版社与德国海德堡马克思·普朗克比较公法和国际法研究所合作出版的重要著作,是 1991 年至 2001 年间出版的《国际公法百科全书》全面升级和扩充的在线版本。该数据库包含了 30 多个国际法领域的研究主题,内容由来自全球 70 多个国家的 800 多位学者提供。

九、工具型数据库

136. Ulrich's Serials Analysis System(乌利希期刊分析系统)

该数据库利用《乌利希期刊指南》几十年在期刊方面的权威书目数据库,以第三者公正立场,帮助用户"客观"地评估、分析期刊馆藏,制作有说服力、公正的评估报告,能够清楚地得到重复或短缺的期刊,帮助用户解决停订或增订的难题,满足图书馆在评估期刊及数据库方面的需要。

十、学位论文类数据库

137. ProQuest 博硕士论文数据库

ProQuest 博硕士论文数据库(ProQuest Dissertations & Theses,PQDT)是世界著名的学位论文数据库,收录来自欧美 2000 余所大学的 270 多万篇学位论文的文摘信息,涵盖文、理、工、农、医等各个学科领域,是迄今为止世界上最大的国际性博/硕士论文数据库。从 2002

年起,CALIS 开始组织 ProQuest 学位论文全文数据库 CALIS 集团采购,由每个参加成员馆购买一部分学位论文全文,集团内所有的学位论文放在服务器上共享,各个学校的校园网用户可免费下载这些学位论文。

138. NDLTD 学位论文数据库

NDLTD(Networked Digital Library of Theses and Dissertations)是由美国国家自然科学基金会支持、由美国弗吉尼亚理工大学在 1997 年发起建立的网上学位论文共建共享项目。采取学位论文元数据集中建库、全文有参建机构本地建库的发展模式,目前全球有 170 家图书馆、7 个图书馆联盟、20 多个专业研究所加入了 NDLTD,这种开放获取的模式使信息资源得到了更好地共享。

十一、专利及报告类数据库

139.《美国专利全文数据库》(The United States Patent and Trademark Office,USPTO)

《美国专利全文数据库》由美国专利与商标局(The United States Patent and Trademark Office,USPTO)出版,包含了《专利全文和图像数据库》《专利申请全文和图像数据库》等。数据库提供了快速检索、高级检索和专利号检索 3 种检索途径。

140.《欧洲专利数据库》(European Patent Office,EPO)

欧洲专利局(European Patent Office,EPO)网站提供了自 1920 年以来世界上 50 多个国家公开的专利文献题录数据,以及 20 个国家的专利说明书,共约 6000 多万件专利。从 1998 年中旬开始,可检索到欧洲专利组织各成员国、欧洲专利局和世界知识产权组织近两年公开的全部专利的题录数据。

141.《世界知识产权组织专利数据库》(WIPO Patent SCOPE)

《世界知识产权组织专利数据库》(WIPO Patent SCOPE)由世界知识产权组织(WIPO)国际局创立于 1998 年,包含 1978 年以来首次出版公布的 170 多万份 PCT 国际专利申请,可进行全文检索。数据库提供结构化检索、高级检索和专利号检索 3 种检索途径。

附录二　电子资源政府采购合同样例

政 府 采 购 合 同

项目名称：＊＊图书馆外文电子资源资格采购项目

采购人(以下称甲方)：________________

中标人(以下称乙方)：________________

签署日期：________________

________________(甲方)通过国内公开招标采购方式,确定________________(乙方)为______＊＊图书馆外文电子资源资格采购项目的入围供应商。双方依据《中华人民共和国政府采购法》、《中华人民共和国合同法》,在平等自愿的基础上,同意按照下面的条款和条件,签署本协议。

1. 协议文件

下列文件是协议的组成部分,优先支配地位的次序如下:

(1)本协议书

(2)中标通知书

(3)协议条款内容

(4)投标文件(含澄清文件)

(5)招标文件(含招标文件补充通知)

2. 协议服务内容

本协议采购的内容是乙方为甲方提供外文电子资源订购服务。相关结算条款见附件。

3. 本协议有效期限

自本协议生效之日起至______年______月______日,自合同签署之日起生效。

4. 乙方工作内容

乙方按照甲方数字资源建设需求,为甲方提供订购外文电子资源全流程的服务。

4.1　乙方按照甲方数字资源建设整体要求,遵循甲方全面采选、重点采选、适当采选和不予采选的原则,对外文电子资源情况进行全面调研,定期、及时提供符合甲方要求的外文电子资源目录(纸版和电子版 Excel 格式)及调研报告供甲方选择参考。

4.2　乙方应保证所提供的外文电子资源符合新闻出版行政管理部门的相关规定的,保证所提供外文电子资源来源于正规渠道,不存在任何法律纠纷。

4.3　乙方是甲方与外文电子资源的权利人(出版商或经营商)的中间人,对甲方拟订购的外文电子资源,负责组织甲方同境外电子资源的权利人(出版商或经营商)进行谈判,并提供相应服务。

4.4　乙方接到甲方正式订单后及时处理并反馈订单处理信息。在未征得甲方同意情况下，不得更换甲方正式订单。收到订单两周之内向甲方反馈订单执行信息。

4.5　乙方负责对甲方订购的外文电子资源进行内容审查。协助外文电子资源的权利人完成有关进口的审批、备案工作；确保外文电子资源内容符合新闻出版行政管理部门的要求。

4.6　乙方负责协助甲方草拟外文电子资源订购合同，协助甲方完成与外文电子资源的权利人的合同签订。

4.7　乙方负责办理外文电子资源的报关、免税等手续，并承担办理进口报关手续所产生的一切费用（滞纳金、保管费等）。

4.8　乙方负责办理甲方订购外文电子资源的付款。必要时，乙方代甲方先行向境外企业垫付有关费用（垫付期限一般情况下不超过30日）。

4.9　乙方必须按甲方订单中的种类、数量订购外文电子资源。对不能按时订购的外文电子资源，甲方有权要求终止订购，因终止订购而造成的损失由乙方承担。

4.10　乙方保证甲方订购外文电子资源的质量，接受甲方对有质量问题外文电子资源的调换、退订要求，由此造成的损失及费用由乙方承担。

4.11　乙方对甲方订购的外文电子资源提供服务期内出现的各种问题，协助甲方与外文电子资源的权利人进行协调、纠纷处理以及索赔。

4.12　提供甲方所订购的外文电子资源使用统计数据。

4.13　除上述各条以外，乙方应该根据甲方实际情况，及时向甲方提供其他相应的服务。

5. 协议的修改和变更

本协议的修改、补充、变更及解除，须经甲乙双方协商一致并达成书面意见后方能生效。在双方达成书面意见前，本协议依然有效。

6. 转包与分包

乙方签订协议后，不得转包、分包，亦不得将协议全部及任何权利、义务向第三方转让，否则将被视为严重违约，甲方有权决定终止或解除协议。该等情形即便由于任何原因实际存在，乙方将不被免除任何责任，且任何相关第三方由于协议转让、转包、分包所得到的收益均属无效取得，均应当归甲方所有。

7. 不可抗力

任何一方因不可抗力不能履行本协议规定的全部或部分义务时,应尽快通知对方。在取得有关证明后,允许延期履行、部分履行或不履行协议,并根据情况,免除相应责任。

8. 其他约定

8.1 本项目的招标文件、补充文件、答疑文件、投标文件、相关承诺、协议及所有附件均为本协议不可分割的部分,与本协议条款效力等同。

8.2 本协议经双方法定代表人或授权代表签字并加盖单位公章后生效,以最后一方签字盖章之日为生效日。

8.3 双方可通过协商签订补充协议,补充协议须以书面形式进行,签署及生效方式与本协议的签署和生效方式相同。补充协议与本协议具有同等法律效力。

8.4 本协议未尽事宜,双方通过友好协商解决。协商不成的,任何一方均可以向甲方所在地的人民法院提起诉讼。

8.5 本协议一式四份,甲乙双方各两份。

附件:结算条款

甲方(盖章):　　　　乙方(盖章):

授权代表签字:　　　　授权代表签字:

签字日期:　　　　签字日期:

附件:

1. 采购内容

乙方按照甲方数字资源建设需求,为甲方提供订购外文电子资源全流程的服务。

2. 中标综合费率

乙方中标综合费率为______。

3. 支付与结算

3.1 自合同生效之日起,乙方在3个工作日内,以转账支票或保函的形式向甲方支付履约保证金人民币______元(人民币大写:______元),该保证金待本合同有效期结束后,甲方向乙方无息退还。

3.2 乙方应于收到甲方订单后10个工作日内,向甲方订购的外文电子资源权利人支付外文电子资源费用。

3.3 外文电子资源结算价格 = 甲方与外文电子资源权利人签订的外币合同金额 * 结算汇率 * 综合费率

注:"结算汇率"采用乙方向甲方开具发票日期前一日的中国银行公布的外币卖出价算术平均值(保留两位小数)。若因国家财政直接支付的因素,结算汇率另行计算,采用甲方相关款项到达乙方账户当日中国银行公布的外币卖出价算术平均值(保留两位小数)。

3.4 根据甲方外文电子资源订购实际情况,甲方按月或按季度与乙方结算。

3.5 甲方于本合同期结束的2个月前与乙方就本合同进行最终结算,结算时扣除甲方已向乙方支付的合同款,多退少补。

4. 违约责任

4.1 乙方应保证所提供的外文电子资源符合新闻出版行政管理部门的相关规定,保证所提供外文电子资源来源于正规渠道,不存在任何法律纠纷,甲方不超越合同规定的使用范围内正常使用产生的版权问题一律由乙方负责,甲方不承担连带责任。若因权利瑕疵导致甲方损失或被指控或诉讼等,乙方及应全额赔偿甲方的必要损失,该损失包括但不限于诉讼费、仲裁费、律师费、调查费以及任何第三方主张的赔偿金等。

4.2　乙方接到甲方正式订单后应及时处理并反馈订单处理信息。在未征得甲方同意情况下，不得更换甲方正式订单。收到订单两周之内向甲方反馈订单执行信息，如果超过两周未向甲方反馈订单执行信息，乙方按照每天100元向甲方支付违约金。

4.3　乙方必须按甲方订单中的种类、数量订购外文电子资源。对不能按时订购的外文电子资源，甲方有权要求终止订购，因终止订购而造成的损失由乙方承担。

4.4　乙方保证甲方订购外文电子资源的质量，接受甲方对有质量问题外文电子资源的调换、退订要求，由此造成的损失及费用由乙方承担。

4.5　乙方负责办理甲方订购外文电子资源的付款，因乙方延迟付款给甲方造成的损失由乙方承担，每延迟一天的违约金为所订购外文电子资源合同总金额的千分之一。

附录三　国家图书馆外购数据库建设情况统计报表

统计人：　　　　负责人：　　　　统计日期：　　年　月　日

指标	单位	总量		年增量		月增量		备注
		中文	外文	中文	外文	中文	外文	
数据库基础建设数量	个							
其中:全文数据库	个							
其中:图书全文数据库	个							
期刊全文数据库	个							
报纸全文数据库	个							
学位论文全文数据库	个							
会议论文全文数据库	个							
报告全文数据库	个							
专利全文数据库	个							
标准全文数据库	个							
档案全文数据库	个							
文摘/索引数据库	个							

续表

指标	单位	总量		年增量		月增量		备注
		中文	外文	中文	外文	中文	外文	
数值/事实数据库	个							
其中：工具书数据库	个							
年鉴数据库	个							
图片数据库	个							
学科/专题导航数据库	个							
其他数值/事实数据库	个							
多媒体数据库	个							
工具型数据库	个							
复合型数据库	个							
其他	个							
其中：人文类数据库	个							
科技类数据库	个							
综合类数据库	个							

续表

指标	单位	总量		年增量		月增量		备注
		中文	外文	中文	外文	中文	外文	
数据库主要内容单元基础建设数量								
图书	种							
	册							
期刊(已查重)	种							
期刊(未查重)	种							
报纸	种							
学位论文	篇							
会议论文	篇							
报告	篇							
专利	项							
标准	项							
档案	件							
行政法规	条							
案例	件							
方志	种							

续表

指标	单位	总量		年增量		月增量		备注
		中文	外文	中文	外文	中文	外文	
宗教典籍	件（函、卷）							
手稿	件							
信札	件							
文摘/索引	条							
数值数据	条							
工具书	种							
	册							
年鉴	种							
	册							
表谱/图录	种							
	册							
实物影像	幅							
拓片	张							
照片	幅							
美术作品	幅							
语言	种							
	小时							

续表

指标	单位	总量		年增量		月增量		备注
		中文	外文	中文	外文	中文	外文	
音乐	首/种							
	小时							
讲座/报告/课程	部/集							
	小时							
纪录片	部/集							
	小时							
舞台艺术	部/集							
	小时							
影视剧	部/集							
	小时							
网络信息（网站）	个							
网络信息（专题）	个							
网络信息（导航）	条							
数据库实际占用存储容量	TB							
数据库备份裸数据数量								
图书	种							
	册							

续表

指标	单位	总量		年增量		月增量		备注
		中文	外文	中文	外文	中文	外文	
期刊(已查重)	种							
期刊(未查重)	种							
报纸	种							
学位论文	篇							
会议论文	篇							
报告	篇							
专利	项							
标准	项							
档案	件							
行政法规	条							
案例	件							
方志	种							
宗教典籍	件（函、卷）							
手稿	件							
信札	件							
文摘/索引	条							
数值数据	条							

续表

指标	单位	总量		年增量		月增量		备注
		中文	外文	中文	外文	中文	外文	
工具书	种							
	册							
年鉴	种							
	册							
表谱/图录	种							
	册							
实物影像	幅							
拓片	张							
照片	幅							
美术作品	幅							
语言	种							
	小时							
音乐	首/种							
	小时							
讲座/报告/课程	部/集							
	小时							
纪录片	部/集							
	小时							

续表

指标	单位	总量		年增量		月增量		备注
		中文	外文	中文	外文	中文	外文	
舞台艺术	部/集							
	小时							
影视剧	部/集							
	小时							
网络信息(网站)	个							
网络信息(专题)	个							
网络信息(导航)	条							